AF309190

GASTON PARIS

MÉLANGES
LINGUISTIQUES

PARIS

HONORÉ CHAMPION, LIBRAIRE-ÉDITEUR

5, QUAI MALAQUAIS

1906

LIBRAIRIE HONORÉ CHAMPION, ÉDITEUR

Atlas linguistique de la France, par J. Gilliéron, *directeur-adjoint à l'École des Hautes-Études* et E. Edmont. En vente liv. in-fol : I-XXII : chaque en souscription 25   »

L'Atlas comportera environ 35 livr. de 50 cartes chacune ; chaque carte est consacrée à un mot ou à un type morphologique. Il paraît 6 livr. par an.

L'œuvre gigantesque entreprise par MM. Gilliéron et Edmont est une réponse à l'appel lancé par Gaston Paris : « Il faudrait, disait-il, que chaque commune, d'un côté, chaque forme, chaque mot, de l'autre, eût sa monographie, purement descriptive, faite de première main, et traitée avec toute la rigueur d'observation qu'exigent les sciences naturelles... »

L'*Atlas linguistique* laisse de côté les parlers non romans, c'est-à-dire le flamand, le breton et le basque ; mais il déborde les frontières politiques de la France pour englober non seulement la Belgique wallonne et la Suisse romande, mais quelques vallées du Piémont (notamment Aoste et Oulx), dont la langue est plus rapprochée du franco-provençal que du piémontais, et les îles-anglo-normandes de la Manche. Dans cette étendue de territoire, 639 stations ont été établies à une distance à peu près égale les unes des autres : M. Edmont a relevé dans chacunes d'elles les équivalents patois des phrases ou des mots portés sur un questionnaire uniforme, préparé par M. Gilliéron. Ces équivalents sont notés d'une manière rigoureusement phonétique et dans n alphabet spécial, différent très peu de l'alphabet courant. Chaque carte comprend l'ensemble du territoire, mais est toujours limitée à un mot, à une courte phrase. Les cartes se suivent dans l'ordre alphabétique des mots.

Citons quelques-uns des éloges qui vinrent encourager cette publication.

« ... Nous avons sous les yeux la première livraison de l'*Atlas linguistique de la France,* par MM. J. Gilliéron et E. Edmont, contenant les 50 premières cartes qui composent cet immense ouvrage. Elles justifient tout ce qu'on pouvait en attendre comme méthode et comme résultat. »
Gaston Paris (Romania).

« Souhaitons que rien ne vienne entraver dans sa marche continue et rapide une publication qui, une fois achevée, rendra les plus grands services à la science, et qui trouvera bien difficilement sa pareille dans un autre pays. »
Adolf Tobler (Deutsche Literaturzeitung).

« Lorsque l'ouvrage sera achevé, nous serons en possession d'un incomparable recueil de matériaux pour toute espèce de recherches linguistiques. Qu'il soit donné aux auteurs de l'*Atlas* de terminer sans encombre leur travail pénible et désintéressé : ils ont érigé un *monumentum aere perennius.* »
Meyer-Lübke (Literaturblatt für germanische und romanische Philologie).

« L'immense trésor que l'*Atlas* présente abondamment, occupera pendant de longues années de nombreux savants qui assimileront, utiliseront et mettront en ordre ses résultats. C'est pourquoi je rappelle de toutes mes forces, comme je l'ai fait déjà dans le *Zeitschrift,* XXVIII, 495, 6, l'importance considérable de l'*Atlas linguistique* des deux Gilliéron et Edmont, non seulement en ce qui touche la Linguistique, la Grammaire, la Lexicologie et la Philologie, mais encore en ce qui concerne l'archéologie et l'histoire de la Civilisation. »
Wendelin Foerster (Zeitschrift für Romanisch Philologie).

« L'*Atlas* économise le temps du savant en lui apportant à pied d'œuvre les matériaux dont il a besoin pour ses spéculations. N'est-ce rien, que de pouvoir instantanément, grâce à une carte qu'on embrasse d'un coup d'œil, trouver et grouper sous la même idée un millier de formes dont la recherche dans les lexiques spéciaux de chaque région demanderait un loisir énorme ? Mais ce n'est là que son moindre avantage. Le butin scientifique n'y est pas seulement facile à recueillir, il y est infiniment plus riche que partout ailleurs, car beaucoup de faits intéressants y sont, si je ne me trompe, relevés pour la première fois. »
A. Thomas (Journal des savants).

I

LATIN VULGAIRE

ET LANGUES ROMANES

LIBRAIRIE HONORÉ CHAMPION, ÉDITEUR

Atlas linguistique de la France, par J. GILLIÉRON, *directeur-adjoint à l'École des Hautes-Études* et E. EDMONT. En vente liv. in-fol : I-XXII : chaque en souscription . . . . 25 »

L'Atlas comportera environ 35 livr. de 50 cartes chacune ; chaque carte est consacrée à un mot ou à un type morphologique. Il paraît 6 livr. par an.

L'œuvre gigantesque entreprise par MM. Gilliéron et Edmont est une réponse à l'appel lancé par Gaston Paris : « Il faudrait, disait-il, que chaque commune, d'un côté, chaque forme, chaque mot, de l'autre, eût sa monographie, purement descriptive, faite de première main, et traitée avec toute la rigueur d'observation qu'exigent les sciences naturelles... »

L'*Atlas linguistique* laisse de côté les parlers non romans, c'est-à-dire le flamand, le breton et le basque ; mais il déborde les frontières politiques de la France pour englober non seulement la Belgique wallonne et la Suisse romande, mais quelques vallées du Piémont (notamment Aoste et Oulx), dont la langue est plus rapprochée du franco-provençal que du piémontais, et les iles-anglo-normandes de la Manche. Dans cette étendue de territoire, 639 stations ont été établies à une distance à peu près égale les unes des autres : M. Edmont a relevé dans chacunes d'elles les équivalents patois des phrases ou des mots portés sur un questionnaire uniforme, préparé par M. Gilliéron. Ces équivalents sont notés d'une manière rigoureusement phonétique et dans un alphabet spécial, différent très peu de l'alphabet courant. Chaque carte comprend l'ensemble du territoire, mais est toujours limitée à un mot, à une courte phrase. Les cartes se suivent dans l'ordre alphabétique des mots.

Citons quelques-uns des éloges qui vinrent encourager cette publication.

«... Nous avons sous les yeux la première livraison de l'*Atlas linguistique de la France*, par MM. J. Gilliéron et E. Edmont, contenant les 50 premières cartes qui composent cet immense ouvrage. Elles justifient tout ce qu'on pouvait en attendre comme méthode et comme résultat. »

GASTON PARIS (*Romania*).

« Souhaitons que rien ne vienne entraver dans sa marche continue et rapide une publication qui, une fois achevée, rendra les plus grands services à la science, et qui trouvera bien difficilement sa pareille dans un autre pays. »

ADOLF TOBLER (*Deutsche Literaturzeitung*).

« Lorsque l'ouvrage sera achevé, nous serons en possession d'un incomparable recueil de matériaux pour toute espèce de recherches linguistiques. Qu'il soit donné aux auteurs de l'*Atlas* de terminer sans encombre leur travail pénible et désintéressé : ils ont érigé un *monumentum aere perennius*. »

MEYER-LUBKE (*Literaturblatt für germanische und romanische Philologie*).

« L'immense trésor que l'*Atlas* présente abondamment, occupera pendant de longues années de nombreux savants qui assimileront, utiliseront et mettront en ordre ses résultats. C'est pourquoi je rappelle de toutes mes forces, comme je l'ai fait déjà dans le *Zeitschrift*, XXVIII, 495, 6. l'importance considérable de l'*Atlas linguistique* des deux Gilliéron et Edmont, non seulement en ce qui touche la Linguistique, la Grammaire, la Lexicologie et la Philologie, mais encore en ce qui concerne l'archéologie et l'histoire de la Civilisation. »

WENDELIN FOERSTER (*Zeitschrift für Romanisch Philologie*).

« L'*Atlas* économise le temps du savant en lui apportant à pied d'œuvre les matériaux dont il a besoin pour ses spéculations. N'est-ce rien, que de pouvoir instantanément, grâce à une carte qu'on embrasse d'un coup d'œil, trouver et grouper sous la même idée un millier de formes dont la recherche dans les lexiques spéciaux de chaque région demanderait un loisir énorme ? Mais ce n'est là que son moindre avantage. Le butin scientifique n'y est pas seulement facile à recueillir, il y est infiniment plus riche que partout ailleurs, car beaucoup de faits intéressants y sont, si je ne me trompe, relevés pour la première fois. »

A. THOMAS (*Journal des savants*).

I

LATIN VULGAIRE

ET LANGUES ROMANES

ROMANI, ROMANIA,

LINGUA ROMANA, ROMANCIUM.

Le nom de langues romanes, actuellement reçu dans la science, rend sensible à tous le lien qui réunit les idiomes auxquels on l'applique et l'origine de leur communauté. Ce nom ne leur est attribué que depuis assez peu de temps; le mot *roman* lui-même, avant d'être réservé à l'usage auquel nous l'appliquons, a reçu souvent des significations plus ou moins spéciales. L'objet des pages qui suivent est d'étudier l'histoire, le sens primitif, les applications successives et les formes diverses du mot *roman* et de ceux qui s'y rattachent, et de justifier ainsi le titre que nous avons donné à ce recueil.

I

ROMANI.

Les habitants de Rome se sont appelés de tout temps, dans leur langue, *Romani* [1]. Ce mot est formé du nom *Roma* et du

---

1. M. Mommsen (*Rœmische Geschichte* [2], I, 43) admet encore la parenté du nom des *Ramnes* avec celui de Rome, et elle a été également acceptée par M. Curtius (*Grundzüge der griechischen Etymologie* [2], p. 621). M. Schuchardt (*Vokalismus des Vulgærlateins*, III, 264) semble aussi y accéder, bien qu'avec une autre explication. Je me range beaucoup plus volontiers à l'opinion de M. Corssen (*Ueber Aussprache, Vokalismus und Betonung* [2]; II, 85), qui regarde *Roma* et *Ramnes* comme deux mots tout à fait différents. En dehors de la très grande difficulté phonétique, il y a au rapprochement de ces deux noms une difficulté historique. M. Mommsen présente le nom de Ramnes

suffixe *-ano-*, un de ceux à l'aide desquels la langue latine tirait
du nom d'un pays ou d'une ville celui de ses habitants. Longtemps après la soumission de l'Italie et des autres provinces qui
composèrent leur empire, les *Romani* se distinguèrent des
peuples qui vivaient sous leur domination. Ceux-ci conservaient
leur nom originaire; ils étaient Sabins, Gaulois, Hellènes,
Ibères, et n'avaient pas le droit de s'appeler Romains, nom
réservé à ceux qui tenaient le droit de cité de leur naissance
ou qui l'avaient reçu par une faveur spéciale. Insensiblement
cette distinction s'effaça, surtout après que l'édit célèbre de
Caracalla eut fait des citoyens romains de tous les habitants de
l'empire : *In orbe romano qui sunt*, dit Ulpien, *ex constitutione
Imperatoris Antonini cives Romani effecti sunt* [1]. Le voisinage
menaçant des Barbares, qui pressaient l'empire de plusieurs
côtés, rendit bientôt plus général l'emploi du mot de *Romani*
pour désigner les habitants de l'empire par opposition aux
mille peuples étrangers qui en bordaient et qui déjà commen-
çaient à en franchir les frontières. Les écrivains du IVe et du
Ve siècle parlent avec orgueil de cette nouvelle nationalité
romaine, de cette fusion des races dans une seule patrie. *Quis
jam cognoscit*, dit S. Augustin, *gentes in imperio Romano quae quid
erant, quando omnes Romani facti sunt et omnes Romani dicuntur* [2].
C'est en parlant de l'empire qu'Apollinaris Sidonius écrivait :
*In qua unica totius orbis civitate soli Barbari et servi peregrinan-
tur* [3]. Les poètes ne manquèrent pas de célébrer cette grande
œuvre. Les vers de Rutilius Namatianus sont célèbres :

> Fecisti patriam diversis gentibus unam ;
> Urbem fecisti quae prius orbis erat [4].

---

comme plus ancien que la ville (p. 46) et signifiant peut-être « homme des
bois ou des forêts ». Mais si on peut comprendre (malgré l'irrégularité phonétique) que *Ramnes* soit dérivé de *Roma*, je ne vois pas comment on peut
tirer *Roma* du nom des *Ramnes*, et je ne me rends pas bien compte de la
manière dont l'éminent historien s'explique le rapport de ces deux mots.

1. Dig. I, V, 17. Add. *Justin. Novell.* LXXVIII, 5.

2. Augustin, *ad Psalm.* LVIII, 1. Voyez encore, pour des idées et des
expressions analogues, Vopiscus, *Prob.* 20; August. *ad Psalm.* XXXIX; *de
Civ. D.* V, 17, etc.

3. Apollin., *Epist..* I, 6.

4. Rutilius, *Itiner.*, V, 63.

Ceux de Claudien, non moins enthousiastes, semblent insister particulièrement sur le nom, devenu commun, de *Romani* :

> Haec est (Roma) in gremium victos quae sola recepit,
> Humanumque genus communi nomine fecit [1].

Prudence s'écrie aussi :

> Deus undique gentes
> Inclinare caput docuit sub legibus iisdem,
> Romanosque omnes fieri, quos Rhenus et Ister,
> Quos Tagus aurifluus, quos magnus inundat Iberus.....
> Jus fecit commune pares et nomine eodem
> Nexuit et domitos fraterna in vincla redegit [2].

Combien ces éloges étaient exagérés, combien il s'en fallait que le genre humain tout entier fût entré dans l'*orbis Romanus*, c'est ce dont furent témoins les auteurs mêmes de ces vers : la *cité universelle* fut détruite au moment où on en célébrait l'achèvement, et la distinction entre Romains et Barbares, au lieu d'exprimer un rapport de supériorité du premier au second terme, prit bientôt la signification inverse.

Cette distinction, antérieure à l'établissement des Germains dans les provinces romaines de l'Occident, persista après cet établissement ; elle fut la même dans tous les pays où il eut lieu. Les envahisseurs étrangers étaient désignés par le nom générique de *barbari* ; ils l'acceptaient d'ailleurs eux-mêmes [3], et ne trouvaient pas mauvais que les Romains qu'ils chargeaient d'écrire leurs lois et leurs ordonnances en latin le leur attribuassent [4]. Toutefois ce nom n'apparaît que d'une façon excep-

---

1. Claudien, *de laud.*, III, X, 50.

2. *Contra Symmachum*, v. 501 ss.

3. Il est à remarquer qu'en cela ils faisaient simplement ce qu'avaient fait jadis les Romains, qui, traités de βάρβαροι par les Grecs, n'éprouvaient aucun embarras à se qualifier eux-mêmes ainsi : voy. les passages cités dans Forcellini. Plus tard les Romains se joignirent aux Grecs et regardèrent comme barbare tout ce qui n'était pas grec ou romain ; mais les Grecs les appelèrent longtemps encore βάρβαροι : plusieurs d'entre eux persistaient à les traiter ainsi même à l'époque impériale.

4. *Barbarus*, au sens d'Allemand, se trouve employé dans un grand nombre de textes : ce mot ne comportait aucune idée injurieuse. Voyez,

tionnelle, et d'ordinaire quand il s'agit de désigner l'ensemble
des tribus germaniques. Ces tribus n'avaient point alors de nom
commun par lequel elles pussent exprimer leur nationalité col-
lective ¹ ; le mot *Germani*, naturellement, est tout à fait inconnu
à cette époque ; quant au mot *theodisc diutisc* (fr. *tiedeis*, it. *tedesco*),
il n'apparaît, sous la forme latine *theotiscus theudiscus*, qu'au
IXᵉ siècle ² ; le mot *Teuto*, qui paraît s'y rattacher étymologi-
quement, ne se montre nulle part, et le dérivé *Teutonicus*,
employé par certains écrivains latins ³, est un souvenir clas-

---

outre les exemples cités dans Du Cange, les *Indices* des t. II-IV des *Monu-
menta Germaniae*; *Ed. Theodorici, Prol. c.* XXIV, XLIII, XLIV, CIV; Fortunat, IV, 17 (*Romana studio, Barbara prole fuit*); id., IV, 8 (*Chilperice potens,
si interpres Barbarus exstat, Adjutor fortis*); *Lex Burgund.*, t. LV, LXI (*mulier
natione Barbara*); *Vita Eligii*, II, 8, etc., etc. Cf. Waitz, *Verfassungsges-
chichte* ², p. 80; Roth, *Benefizialwesen*, p. 102. M. Waitz semble croire que
les Francs seuls se laissaient appeler Barbares; tous les Germains en faisaient
autant, comme le montrent les citations ci-dessus, et d'autres qui seront
réunies plus bas. Encore aux IXᵉ et Xᵉ siècles Eginhard, Walafrid Strabo,
Ekkehard IV, l'emploient en parlant de leur nation. Si le mot *barbarus* se
trouve joint parfois dans les textes à des épithètes peu favorables (*barbari
feroces, impii, avari*, etc.), il ne s'ensuit pas que le mot comportât en lui-
même un sens autre que celui d' « étranger à la civilisation romaine » et aussi
d' « étranger au christianisme » (à peu près comme *gentilis*). [*Natione quidem
barbarus, sed morum benignitate modestus* (Arndt, *Kl. Denkm.*, p. 13).] Les
qualificatifs en question sont simplement accolés à ce nom, et on conviendra
que les Germains méritèrent souvent d'être ainsi caractérisés.

1. C'est l'opinion de M. Waitz, à laquelle Grimm (*Geschichte der d.
Sprache* ³, 350) n'oppose que des raisons de sentiment.

2. Le plus ancien exemple est, je pense, le texte du Concile de Tours de
813 [*787; voy. Dümmler, *Stzb.*, 1897, p. 114] où il est parlé de la *lingua
theotisca*. Du Cange cite, il est vrai, *theodisca lingua* dans Servius, *ad Aen.* IX,
mais ce mot manque dans les manuscrits anciens, et dans les autres se présente
sous des formes très diverses (parmi lesquelles *teutonica* et *thusca*). — L'adjectif
theodiscus signifie proprement « national » (*thiudiskô — gentiliter* dans Ulfilas);
il n'apparaît pendant longtemps qu'appliqué à la langue, et c'est peu à peu
que les hommes qui parlaient la *diutisca zunga* se sont appelés eux-mêmes les
Diutisken, d'où le mot actuel *deutsch*.

3. L'emploi de ce mot semble pourtant indiquer une traduction par
approximation de l'expression allemande *thiudisc* (cf. *Geta* pour Goth, *Dacia*
pour Danemark, *Albani* pour Alamans, etc.), d'autant plus qu'il figure

sique qui ne reposait certainement à cette époque sur aucune dénomination réelle. Il est permis de douter que les Allemands aient eu à cette époque la conscience bien nette de leur unité de race ; dans les textes ils se qualifient d'habitude par le nom spécial de leur tribu, et nous voyons les *Romani* opposés successivement aux *Franci*, aux *Burgundiones*, aux *Gothi*, aux *Langobardi*, etc. [1]. Tout au contraire on ne voit nulle part appa-

---

presque toujours dans la locution *lingua teutonica*. Dans ce cas, l'emploi du mot *thiudisc* remonterait extrêmement haut, car on trouve *lingua teutonica* et même *Teutonici* dans des textes fort anciens; voy. Grimm et Waitz, l. l. Toutefois il est fort possible qu'il n'y ait dans l'emploi de ce mot qu'un souvenir des Teutons de Marius, rattachés, avec raison d'ailleurs, aux envahisseurs du ve siècle. Nous n'avons aucun écrivain qui fasse nettement cette identification; mais elle pouvait se trouver dans un texte qui ne nous sera pas parvenu.

1. Pour les Goths, outre le passage d'Orose cité plus loin, voy. *Fuero Juzgo X*, 2 (*Divisio inter Gothum et Romanum facta de portione terrarum sive silvarum nulla ratione turbetur.... nec de duabus partibus Gothi aliquid sibi Romanus praesumat aut vindicet aut de tertia Romani Gothus*), III, 1, 2 (*Ut tam Gothus Romanam quam etiam Gotham Romanus si sibi conjugem habere voluerit*); *Cassiodori Epist. Var.* III, 48 (*Universis Gothis et Romanis circa Verucam consistentibus*), VIII, 21 (*Pueri stirpis romanae nostra lingua loquuntur*), VII, 3 (*Si quod etiam inter Gothum et Romanum ortum fuerit negotium*), VIII, 3 (*Gothis Romanisque jus apud nos esse commune*), VIII, 17 (*Ut Gothi Romanis praebeant jusjurandum et Romani Gothis sacramento confirment*), VIII, 6 (*Gothorum Romanorumque*). — Pour les Francs, *Lex Sal. pass.*; *Chilp. Capit. ap.* Pertz, *LL.* II, p. 12, p. 14 (*Romani et Salici*); *Chlotachar. Constitutio, ap.* Pertz, *LL.* I, p. 21; *Childeb. Decret.*, ib., p. 12; *Lex Ripuar.* XXVI, 3 ; LVIII (*Romanus, Francus*); *Gregor. Tur.* II, 18 (*Paulus comes cum Romanis et Francis*), etc., etc. [* Roz., *Form.*, I, VII.] — Pour les Bourgondions, *Lex Burg.* XXII (*Quicumque Romanus causam suam quam cum alio Romano habet Burgundioni agendam tradiderit*), LIV, LV, etc., etc. — Pour les Langobards, *Ed. Rothar.* 29, ap. Pertz *LL.* IV, 47; *Luitpr. Leges*, 127, ib. p. 60 (*Si quis Romanus homo mulierem Langobardam tolerit..... Romana effecta est*); *L. Aistulfi*, ib. p. 195 (*traditum nobis a Domino populum Romanorum*) ; *Karoli M. Capit. Ticinense* (801), ap. Pertz, *LL.* I, 84 (*Si vero Langovardus vel Romanus fuerit*); ib. p. 162, 235, etc. — Pour les Vandales, voy. la citation de S. Fulgence dans Du Cange, *s. v. Barbarus*, où on remarque avec raison *Trasimundum regem..... haud invidioso nomine Barbarum appellari...... Mox ejus subditos barbaricam gentem appellat cui Romanos opponit, veteres nempe Africae incolas*; add. Victor de Vita, V, 18, etc. — Sur les *Romani* de la Bavière actuelle, voy. Eugippius *in Vita Severini*, c. 2, 3, 9, 12, et ce qui sera dit plus bas.

raître pour les habitants des provinces de l'empire de dénominations spéciales qui les rattachent à une nationalité antérieure à la conquête romaine. Il n'y a dans l'ensemble des lois comme des histoires de ce temps ni *Galli*, ni *Rhaeti*, ni *Itali*, ni *Iberi*, ni *Afri* : il n'y a que des *Romani* en face des conquérants répandus dans toutes les provinces [1].

Le *Romanus* est donc, à l'époque des invasions et des établissements germaniques, l'habitant, parlant latin, d'une partie quelconque de l'empire. C'est ainsi que lui-même se désigne, non sans garder encore longtemps quelque fierté de ce grand nom [2]; mais ses vainqueurs ne l'appellent pas ainsi : le nom *Romanus* ne paraît avoir pénétré dans aucun de leurs dialectes. Le nom qu'ils lui donnent, et qu'ils lui donnaient sans doute bien avant la conquête, c'est celui de *walah*, plus tard *welch*, ags. *vealh*, anc. nor *vali* (suéd. mod. *val*), auquel se rattachent les dérivés *walahisc*, plus tard *wælsch* (welche) et *wallon*. L'emploi de ce mot et de celui de *Romanus* est précisément inverse : le premier n'est jamais employé que par les Barbares, le second que par les Romains [3]; l'un et l'autre ont persisté face à face, comme on le verra plus bas, bien après l'époque dont il s'agit ici, dans des pays où les deux races, germanique et latine, se trouvaient en contact intime et journalier et n'étaient pas arrivées à se fondre dans une nationalité nouvelle.

[*1. *Qua Romanus agit, saevit qua barbarus orbis.* (*Carmen S. Paulini* voy. Pimont, *Hymnes*, p. 47.)]

2. Fortunat et Grégoire de Tours emploient certainement encore ce mot avec complaisance, pour qualifier, soit eux-mêmes, soit ceux dont ils parlent; voy. la citation de Fortunat, IV, 17 (ci-dessus, p. 3, n. 2). Les hagiographes mentionnent volontiers, et certainement pour lui faire honneur, l'origine romaine de leur saint. Voy. Fortunat, *Vita S. Medardi*, *AA. SS. Jan.* II, 76 (*Romana mater ejus, Protagia nomina*); *Vita Rusticulae*, *AA. SS. Aug.* II, 657 (*Clarissimis igitur orta natalibus Valeriano et Clementia conjugibus Romanis*), etc., etc. Add. Fredeg. XXVIII, a. 606 (*Claudius genere Romanus*), XXIX, etc.

3. Aussi, si l'on veut traduire les paroles mises par les historiens de ce temps dans la bouche des Allemands, faut-il toujours rendre *Romanus* par *Welche*. Par exemple dans la Vie de S. Éloi, II, 19 : *Nunquam tu, Romane, consuetudines nostras evellere poteris*, le mot *Romane* traduit certainement le *Walah!* qui fut adressé au saint homme. Cette observation s'applique à plusieurs des passages cités plus loin.

Le mot *welche* a en français une nuance méprisante qu'il avait à coup sûr, à cette époque, dans l'esprit des Allemands qui le prononçaient. Les conquérants avaient une haute opinion d'eux-mêmes et se regardaient comme très supérieurs aux peuples chez lesquels ils venaient s'établir [1]. Les monuments purement germaniques manquent malheureusement pour ces époques reculées ; mais quelques textes latins ont conservé le souvenir des sentiments que la race conquérante, encore plusieurs siècles après la chute de l'empire, entretenait pour les *Walahen*, seuls dépositaires pourtant de la civilisation occidentale. Le plus curieux de ces textes, à cause de sa naïveté, est cette phrase qui se trouve dans le célèbre Glossaire roman-allemand de Cassel, et qui est certainement d'un Bavarois du temps de Pépin : *Stulti sunt Romani, sapienti Paioari ; modica sapientia est in Romanis ; plus habent stultitia quam sapientia.* Ici, par une rare chance, nous avons conservé, à côté de la traduction latine, la pensée de cet excellent *Peigir* dans la forme même où elle a souri à son esprit : *Tole sint Walha, spahe sint Peigira ; luzic ist spahi in Walhum ; mera hapent tolaheiti denne spahi* [2]. A la même époque on rencontrait sur les bords du Rhin des Allemands comme celui que peint Wandelbert, dans son récit des miracles de saint Goar : *Omnes Romanae nationis ac linguae homines ita quodam gentilicio odio exsecrabatur ut ne videre quidem eorum aliquem aequanimiter vellet..... Tanta enim ejus animum innata ex feritate barbarica stoliditas apprehenderat ut ne in transitu quidem Romanae linguae vel gentis homines et ipsos quoque bonos viros ac nobiles libenter adspicere posset* [3]. Ces sentiments n'étaient pas bornés aux hommes sans culture : au xe siècle encore, Liudprand s'indignait de la pensée qu'on pût lui faire honneur en le traitant de *Romanus*, et disait aux Grecs : *Quos (Romanos) nos, Langobardi scilicet, Saxones, Franci, Lotharingi, Bagoarii, Suevi, Burgundiones, tanto dedignamur, ut inimico nostro commoti nil aliud contumeliarum nisi : Romane ! dicamus, hoc solo nomine quidquid ignobilitatis, quidquid timiditatis, quidquid ava-*

---

1. Il suffit de rappeler le célèbre prologue de la *Loi salique.*

2. *Anc. Glossaires romans*, p. p. Diez, trad. par A. Bauer (Paris, 1870), p. 71.

3. *AA. SS. Jul.* II, p. 339.

ritiae, quidquid luxuriae, quidquid mendacii, imo quidquid vitio-rum est comprehendentes [1]. Comment ne pas remarquer qu'au bout de dix siècles des appréciations presque semblables sur le « wælschen Lug und Trug », sur la « wælsche Sittenlosigkeit », sur la « tiefe moralische Versunkenheit der romanischen Vœlker » se font encore entendre en allemand ?

Le nom de *Romani* ne se maintint pas au delà des temps Carolingiens. La fusion des conquérants germaniques avec les Romains [2], l'adoption par eux, en France, en Espagne, en Italie, de la langue des vaincus, fit disparaître de l'ancien empire d'Occident une distinction aussi générale, remplacée par les noms spéciaux des nations qui se formèrent des débris de l'empire de Charlemagne. Il y eut bientôt, non plus des Romains en opposition avec un certain nombre de tribus conquérantes, mais au contraire une nation allemande renfermée dans les limites agrandies de l'ancienne Germanie, et qui, tout en restant divisée en tribus, prit conscience d'elle-même sous le nom de *Tiedesc* et fut appelée par ses voisins de noms divers, mais également collectifs, — et, à côté, des Français, des Lombards, des Provençaux, des Flamands, etc. Le nom de *Romani* se maintint cependant dans deux cas, où les peuples qui l'avaient partagé avec les habitants de tout l'empire ne se trouvèrent englobés dans aucune nationalité nouvelle et conservèrent, pour se distinguer des *barbares* qui les entouraient, l'ancienne

---

1. *Liudpr. de Legat.* 12, *ap. Pertz, SS.* III, 350 (le manuscrit porte *inimicos nostros*, mais la correction se présente d'elle-même ; les mots *id est Romano-rum*, intercalés entre *solo* et *nomine*, sont évidemment une glosse). — C'est par erreur que Carpentier (Du Cange, *s. v. Romanus*) applique ce passage aux Romains de Rome. Il s'agit, comme le montre l'énumération des divers peuples germaniques opposés aux Romains, des gens parlant latin, des *Welches*.

2. En France, on sait que cette fusion n'a eu lieu que dans la partie occidentale du pays : les provinces du Nord-Est de la Gaule restèrent allemandes. De là le nom de *Franci Romani* appliqué aux *Francs* du royaume de Charles le Chauve, et celui de *Francia Romana* donné à leur pays ; voy. Liudprand, *Antapod.* I, 14 (Pertz, *SS.* III, 280), et le passage célèbre d'une généalogie des rois francs : *Hic* (à l'élection d'Eudes) *divisio facta inter Teutones Francos et Latinos Francos* (Ib., p. 214), etc.

appellation dont ils étaient fiers. Les Allemands, fidèles de leur côté à la tradition antérieure, appelèrent ces peuples du nom de *Walahen*, welches, et ce nom leur est resté jusqu'à nos jours.

Ces deux cas se présentent dans des pays où la population romane, par suite de circonstances particulières, vit dans une sorte d'île au milieu d'autres races. Tout le monde connaît maintenant l'existence de la langue si intéressante qui se parle dans le canton des Grisons, et qui se distingue de l'italien avec lequel elle est en contact au Sud. Cette langue est le seul vestige qui ait persisté jusqu'à nos jours de la langue parlée autrefois par les *Romani* de la Rhétie. On a cru longtemps que les habitants romains de ce pays avaient tous émigré en Italie, comme le raconte Eugippius dans la vie de S. Séverin, et avaient laissé la place libre aux Barbares. Mais des documents nombreux et intéressants prouvent que, longtemps après la conquête définitive du pays par les Alamans et les Bavarois, une population romaine s'y maintint en groupes plus ou moins nombreux et consistants. Ce fait a été mis hors de doute par Adolf Holtzmann dans un livre où on ne s'attend guère à rencontrer une dissertation de ce genre, dans le livre où il a lancé son paradoxe célèbre sur l'identité des Celtes et des Germains. Les faits qu'il a réunis étant peu connus, je ne crois pas inutile de les reproduire ici, augmentés de quelques autres. On verra que les noms inverses de *Romani* et *Walhen*, actuellement restreints aux habitants d'un coin du canton des Grisons, ont eu, dans les contrées rhétiques et noriques, une application beaucoup plus large. L'auteur de la vie de S. Gall raconte que S. Colomban, étant arrivé à Bregenz, sur les bords du lac de Constance, pria son compagnon Gall de parler au peuple, *quia ille inter alios eminebat lepore latinitatis, nec non et idioma (sic) illius gentis.* Holtzmann a montré que cet *idioma* était non pas l'allemand, comme on l'avait compris depuis Walafrid Strabo [1], mais le latin populaire, qui par conséquent se parlait encore dans ce pays au commencement du viie siècle.

---

1. Il paraphrase ainsi ce passage, dans sa Vie de S. Gall : *Quia ipse hanc a Domino gratiam acceperat, ut non solum latinae sed etiam barbaricae locutionis cognitionem non parvam haberet.*

« C'est ce qui est mis hors de doute par le récit suivant, qui se trouve dans le livre II de la même *Vita S. Galli.* Quarante ans après la mort de S. Gall un certain Ortwin parcourut avec une grande armée une partie de Thurgovie, brûla Constance et Arbone, pillant et tuant tout sur son passage. Les gens d'Arbone se réfugièrent avec ce qu'ils possédaient de plus précieux à la cellule de S. Gall et y enfouirent leurs trésors. Mais un *tribunus* appelé Erchanold qui, étant né dans le voisinage, connaissait tout le pays, les épia et découvrit les trésors cachés. Dans l'espoir de trouver plus, les pillards ouvrirent même le tombeau du saint et levèrent le cercueil, en disant : *Isti Romani ingeniosi sunt, ideo sub loculum bona sua absconderunt.* Walafrid Strabo met *Retiani* à la place de *Romani : quia isti Retiani calliditate naturali abundant.* Ainsi, à la fin du viie siècle, nous trouvons non seulement à Bregenz, mais à Arbone, une population romane [1]. » *Retianus* désigne encore un *Romanus,* un *welche* de la Rhétie pour Ekkehard IV de S. Gall au xe siècle : *Ille, quod risum multis moverat, Rhetianus et minus Teutonus,* Cot ilf erro *respondit, id est, Deus adjuvat* (l. *adjuvet*) *domine* [2]. — Bien plus tard, au xiie siècle, un comte Henri donnait au monastère de Zwiefalten un pré *in terra romana, in pago Walechgou nuncupato, in episcopo Curiensi..... in loco qui Valrun est nuncupatus.* Je ne sais où est ce lieu dit Valrun, mais il ne faut pas croire que cette donation fût faite dans le pays qui forme actuellement le canton des Grisons : l'évêché de Coire s'étendait jusque fort près du lac de Constance et comprenait une grande partie de cette région montagneuse appelée aujourd'hui Vorarlberg; c'est ce qui résulte d'une autre donation, enregistrée comme la première par Berthold de Zwiefalten; un autre seigneur, à la même époque, fit au même couvent une dona-

---

1. Holtzmann, 132-3. Certainement c'est *Walh* qu'a dit Erchanold. Au reste ce mot ne peint-il pas les rapports entre *Romains* et *Barbares?*

2. Pertz, *SS.* II, 113. Il s'agit d'*Enzilinus, Favariae praepositus.* Ses fautes consistent surtout en ce qu'il ne prononce pas l'*h* de *hilf* et de *herro* : ce fait est assez intéressant à constater. — Holtzmann ne cite pas ce passage, mais il en rapporte d'Ekkehard IV un autre qui n'a pas le droit de figurer ici, et qui sera cité dans le courant de ce travail, à propos du mot *romanice.*

tion *in partibus Walechgou in episcopio Curiensi juxta..... urbem Muntifort* [1], et cette ville se trouve dans le Vorarlberg, dans un pays où on ne parle aujourd'hui qu'allemand. Ainsi il y avait encore des *Romani* dans ce canton au XIIe siècle; mais on sera étonné de voir qu'un auteur cité par Holtzmann (p. 136) et qui écrivait en 1616 dit qu'il a encore connu des vieillards dans le Walgau (c'est le *Walechgou* de Berthold) qui parlaient une langue semblable au roman de Coire. Dans le district de Montafun qui se trouve un peu au sud du Vorarlberg dans le Tyrol, la langue romane ne se serait même éteinte qu'au siècle dernier [2]. — Plus au nord-est, dans la Bavière, à côté de l'Ammergau, est un district qui a été appelé *Walchgou*, *Walchengou*, certainement pour les mêmes raisons que le pays appelé *terra Romana* près du lac de Constance; ce district, où se trouve encore un endroit nommé Walgou, est désigné par le nom de *Walohgoi* dans un acte de 763 [3]. On trouvera dans Holtzmann, et surtout dans le Dictionnaire des anciens noms de lieux germaniques de Fœrstemann un grand nombre de dénominations où figure ce mot *walah*; les gens que ces dénominations rappellent se donnaient sûrement à eux-mêmes le nom de *Romani*. — On trouve au VIIe et au VIIIe siècle des *Romani* plus loin encore, dans le district de Salzbourg, en pleine Autriche; ils figurent dans plusieurs chartes de ce pays comme des serfs qu'on donne et qu'on vend, au nombre de 3, de 30, de 80, de 116 [4], mais ils formaient des groupes de population assez compacts, à en juger par la mention d'un *vico romanisco* et la per-

---

1. Pertz, *SS.*, X, 113. Il s'agit de la ville de Montfort, qui donna son nom à un comté.

2. J'emprunte ce curieux renseignement à une lettre de M. Karl Maurer, qu'a bien voulu me communiquer mon ami G. Monod.

3. Voy. Rudhardt, *Aelteste Geschichte Baierns*, p. 539.

4. Holtzmann, p. 136. Il était résulté de cet état de choses que *walah* signifiait « homme de la dernière condition, serf, paysan »; voy. Notker sur le Ps. LXV, cité par Holtzmann, p. 135. De même en anglo-saxon *vealh* signifie « paysan », et, ce qui est curieux, chez les Roumains eux-mêmes *român* signifie « paysan, corvéable » (voy. de Cihac, *Dictionnaire d'étymologie daco-romane*), [*Z. f. r. Ph.*, III, 474] ce qui rend incontestable l'étymologie contestée du grec βλάχος au même sens.

sistance dans ce pays de plusieurs noms de lieux où figure l'adjectif *walah*. — Il n'y a donc rien de surprenant à ce que les habitants non germanisés du pays de Coire, les seuls qui aient résisté jusqu'à nos jours aux progrès du teutonisme, aient gardé, en partie du moins, leur nom aussi bien que leur langue. Il est vrai qu'ils se nomment actuellement non pas *Romaun* (qui signifie chez eux « romain »), mais *Romaunsch*, comme leur idiome lui-même; mais cette forme dérivée s'appuie nécessairement sur l'autre plus ancienne. Le nom de *terra Romana*, donné, comme on vient de le voir, à des districts tout voisins, comprenait certainement aussi le pays des Grisons : le terme allemand correspondant est seul mentionné dans une charte de 885 citée par Graff[1] : *Retia quod alio nomine Churewala appellatur*; mais il suppose l'emploi de l'autre, car jamais les *Romani* n'ont accepté de se nommer *Walhen*. De même qu'ils se sont appelés plus tard *Romaunsch*, les Allemands les désignent maintenant par le dérivé de *Walah*, à savoir *Wælschen, Churwælschen*.

L'autre exemple de la persistance du nom de *Romani* se trouve dans des contrées qui faisaient partie de l'empire d'Orient. Les peuples qui aujourd'hui, dans les provinces danubiennes, la Hongrie et la Turquie d'Europe, parlent un idiome latin, se désignent eux-mêmes par le nom de Romains (*Rumën, Rumen, Romăn*) que nous leur donnons aussi depuis peu (Roumains). La désignation de Valaques ne leur est appliquée que par les étrangers qui les entourent : « A la question » *que es ?* tout Valaque répondra *eo sum Romanu*..... La plupart » des Valaques ne savent même pas qu'on les appelle ainsi[2]. » On comprend d'ailleurs que ce nom, tout légitime qu'il est, ne prouve absolument rien en faveur de la prétention des Roumains à descendre exclusivement des colons transportés par Trajan en Dacie. Il est probable que les habitants roumains actuels de l'ancienne Dacie ne l'occupent que depuis le

---

1. *Althochdeutscher Sprachschatz*, I, 839.

2. Murgu, *Nachweis dass die Walachen der Ræmer Nachkœmmlinge sind*, Ofen, 1830, p. 67, 113; cité dans Schott, *Walachische Mæhrchen*, 1845, p. 44.

xiiie siècle [1] ; mais à l'époque où ils s'étendaient dans tout le pays situé entre le Danube et les frontières de la Grèce proprement dite, ils portaient le nom de *Romani* au même titre que tous les habitants de l'empire parlant latin. Il ne suffit pas de dire avec M. Rœsler que ce nom leur vient « de ce qu'ils étaient » sujets de l'empire romain, c'est-à-dire byzantin, absolument » comme les Grecs modernes et les Bulgares se nomment, » dans le même sens et pour la même raison, Ῥωμαῖοι [2]. » Il y a une différence essentielle ; la forme *Romani* n'est pas grecque comme la forme Ῥωμαῖοι ; elle indique que ces populations avaient adopté la langue latine, et se distinguaient par là aussi bien des Grecs (Ῥωμαῖοι) que des Barbares. En effet les Romains n'imposèrent pas leur langue aux peuples Grecs de leur empire [3] ; les pays où se parlait l'idiome hellénique ne furent pas romanisés, bien que plus tard, quand l'empire d'Orient se regarda comme formant désormais à lui seul l'empire romain, les habitants de ces pays se soient appelés Ῥωμαῖοι. Les Roumains sont les descendants des peuples barbares romanisés en partie [4] qui habitaient les provinces de l'empire situées entre la Grèce et les frontières du Nord-Est ; ces peuples se nommaient *Romani*, absolument comme les Gaulois romanisés, en face des barbares ; les Grecs les nommaient non pas Ῥωμαῖοι, mais Ῥωμᾶνοι [5]. Comme les *Romani* d'Occident, ceux de l'Est

---

1. Voyez Rœsler, *Dacier und Romænen*, Wien, 1868.

2. Rœsler, l. l., p. 71.

3. Les Grecs d'Italie et de Sicile conservèrent leur langue jusqu'à une époque assez avancée du moyen âge.

4. En partie ; car il est aujourd'hui indubitable que l'albanais représente la langue primitive des peuples de ces pays (illyrien), comme le gallois représente le celtique de Bretagne. Quant aux Slaves, malgré les efforts faits par plusieurs savants slaves pour établir l'existence de leur race dans ces contrées dès les temps antiques, leurs arguments sont jusqu'à présent dénués de toute force probante.

5. Voyez les curieuses citations de Constantin Porphyrogénète faites par M. Schuchardt, *Vokalismus*, III, 52 ss. L'auteur semble, il est vrai, restreindre ce nom de Ῥωμᾶνοι aux habitants de la Dalmatie parlant latin [*Sur les Romans de la Dalmatie, voy. C. Jirecek, *Die Romanen in den Städten Dalmatiens während des Mittelalters*, I, Wien, 1901 (Denkschr. der K. K. Akademie).

reçurent des Allemands le nom de *Walahen* ; car Zeuss a incontestablement raison d'attribuer aux Allemands l'origine de cette désignation [1]. Il est vrai qu'actuellement ils ne sont pas en contact avec les Allemands [2], mais on sait que ces pays furent ceux par lesquels les premières invasions germaniques se précipitèrent sur l'empire : elles y avaient d'ailleurs été précédées par une nombreuse colonisation. Là comme partout les Allemands appelèrent *Walahen* ceux qui se nommaient *Romani*, et ils transmirent cette désignation aux peuples divers qui les remplacèrent dans ces régions ; les Grecs l'adoptèrent eux-mêmes par la suite (βλάχοι). L'un et l'autre nom, le premier dans la bouche des étrangers, le second dans celle des *Romani*, désignent jusqu'à nos jours les descendants singulièrement disséminés des anciennes populations romanisées de ces provinces. On sait qu'ils ont aussi gardé leur langue et que, tout altérée et imprégnée d'éléments étrangers qu'elle est, elle mérite sa place parmi les dialectes modernes où vit encore la langue latine [3].

Cf. *Rev. crit.*. 1902, II, p. 386] ; mais quand il dit : Ἡ δὲ καὶ τῶν αὐτῶν Ῥωμάνων διακράτησις ἦν μέχρι τοῦ Δανούβεως ποταμοῦ, on voit qu'il les rattache aux Valaques de la Mésie. Les soldats qui au vi[e] siècle, dans l'armée de Commentiolus, général de l'empereur grec Maurice, causèrent une déroute en proférant τῇ πατρῴᾳ φωνῇ (Théophane), ἐπιχωρίῳ γλώττῃ (Théophylacte) ; les paroles souvent citées : τόρνα, τόρνα, φράτρε, ῥετόρνα, étaient très probablement de ces Ῥωμᾶνοι dont parle Constantin. — Je ne puis douter, pour ma part, qu'on ait parlé latin depuis les Alpes jusqu'aux bouches du Danube avant les invasions germaniques et slaves. Seulement la langue illyrienne s'était maintenue jusqu'au moment où les invasions empêchèrent définitivement le latin de l'absorber.

1. Zeuss, *die Deutschen und ihre Nachbarstæmme*, p. 68.

2. Sauf les *Saxons* de Transylvanie, qui ne sont là que depuis le xiiie siècle.

3. La non-continuité du latin en Dacie, et la date relativement récente de la reprise de possession de cette province par les Roumains, faits qui me paraissent démontrés par M. Rœsler, sont d'une grande importance pour la philologie romane. On regardait jusqu'ici le valaque comme représentant la langue parlée en Dacie par les Romains, langue qui, à partir du iiie siècle (Aurélien abandonna la Dacie en 274), se serait développée dans un isolement complet. Il résulterait de cette opinion que tous les phénomènes communs au valaque et aux autres langues romanes devaient être regardés comme remontant au moins au iiie siècle. S'il en est autrement, si le valaque représente la

Le nom de *Romani*, on le comprend, n'a pas désigné les habitants de l'empire qui parlaient latin uniquement par opposition aux barbares germains. Ils l'ont aussi employé pour se distinguer de leurs autres voisins : seulement l'appellation correspondante de *Walahen* fait ici naturellement défaut. Ainsi en Afrique les *Romani* que nous trouvons appelés de ce nom à l'approche des Vandales [1] se nommaient ainsi antérieurement, par opposition aux indigènes restés étrangers à la domination ou à la langue romaine [2]. — De même, quand l'Armorique se trouva occupée par des tribus parlant celtique, les nouveau-venus, continuant sans doute l'usage qu'ils avaient déjà dans la Grande-Bretagne, appelèrent *Romani* leurs voisins, habitants des provinces gauloises romanisées [3].

Il résulte de tout ce qui vient d'être dit que les habitants de l'empire romain, quelle qu'eût été leur nationalité primitive, se désignaient, particulièrement par opposition aux étrangers et surtout aux Allemands, par le nom de *Romani*. Ce nom leur resta, dans les différents pays où les envahisseurs s'établirent, tant qu'il subsista une distinction entre les conquérants et les vaincus. En Occident il disparut généralement vers le IXe siècle pour faire place aux noms des nationalités diverses sorties de la dislocation de l'empire par les tribus germaniques; il se main-

---

langue des *Romani* de l'Illyricum et de la Mésie, il a été en contact avec le reste du domaine roman jusqu'à l'invasion slave, et a pu par conséquent subir encore au Ve et même au VIe siècle les influences qui se faisaient sentir dans le reste de ce domaine.

1. Sur les *Romani* en Afrique, voyez, outre les textes cités plus haut, la Vie de S. Augustin par Possidius, *AA. SS. Aug.* VI, et le livre de Papencordt, *Geschichte der vandalischen Herrschaft in Afrika*, Berlin, 1837.

2. On a beaucoup discuté pour savoir si on parlait encore punique en Afrique au temps de la domination romaine. Le fait est mis hors de toute contestation par les témoignages nombreux que contiennent les œuvres de S. Augustin. Seulement le punique n'était employé que comme patois, et la plupart de ceux qui le parlaient entendaient le latin.

3. Voy. *Concil. Turonense*, a. 567, *ap.* Labbe, V, 854 : *Britannum aut Romanum in Armorico*; *Vita S. Samsonis*, *AA. SS. Jul.* VI, II, 11 : *Britannorum Romanorumque ultra citraque mare*. [* Voy. le *Romanum Britanniae*, *Rev. archéol.*, 1862, p. 83.]

tint toutefois plus longtemps, et subsiste encore au moins par son dérivé, dans le petit pays de Coire. — En Orient, il continua à désigner les habitants romanisés des provinces au Sud du Danube qui ne se fondirent pas parmi les populations illyriennes, grecques, germaniques, slaves ou mongoles, et il les désigne encore jusqu'à ce jour. — Le mot *Romanus* se traduisait en allemand par *Walah*, mais jamais les *Romani* n'ont pris eux-mêmes cette dénomination; elle s'est maintenue en allemand (où *Romanus* est inconnu) pour désigner les peuples romans pendant le moyen âge, et n'a pas encore tout à fait disparu; elle s'est particulièrement attachée aux deux peuples qui ont gardé le nom de *Romani*, aux *Churwælschen* et aux *Walachen* [1].

II

ROMANIA.

Sur le nom des habitants de l'empire on fit un nom pour l'empire lui-même. Il était dans l'esprit populaire de substituer une désignation courte et concrète aux termes de *imperium Romanum, orbis Romanus*. On tira de *Romanus* le nom *Romania*, formé par analogie d'après *Gallia Graecia Britannia*, etc. L'avènement de ce nom indique d'une façon frappante le moment où la fusion fut complète entre les peuples si divers soumis par Rome, et où tous, se reconnaissant comme membres d'une seule nation, s'opposèrent en bloc à l'infinie variété des *Barbares* qui les entouraient. Ce nom était populaire et n'avait pas droit d'entrée dans le style classique; aussi l'époque où il nous apparaît pour la première fois est-elle évidemment bien postérieure à celle où il dut se former; les textes qui le donnent l'emploient uniquement par opposition au monde barbare devenu l'objet de toutes les craintes, la menace sans cesse présente à l'esprit.

---

1. Le mot *walah*, qui offre dans son origine et dans son histoire plusieurs particularités intéressantes, sera prochainement l'objet d'un travail spécial dans cette revue. — M. Diez (*Gramm.* [2] I, 128) dit que les Wallons des Pays-Bas, à la différence des Valaques et des Welches de Coire, ont accepté le nom que leur donnaient les Allemands. Nous reviendrons ailleurs sur ce point.

La Romania avait à peine pris conscience d'elle-même qu'elle allait être ruinée au moins dans son existence matérielle. Cette réflexion mélancolique est naturellement suggérée par le passage suivant, où se trouve à ma connaissance le plus ancien exemple du mot. C'est au commencement du ve siècle qu'eut lieu, dans la grotte de Béthléem où vivait saint Jérôme, l'entretien suivant, qui roulait sur le roi goth Ataulf, devenu un allié de l'empire après avoir songé à le détruire complètement : *Ego ipse*, dit Paul Orose, *virum quemdam Narbonensem, illustris sub Theodosio militiae, etiam religiosum prudentemque et gravem, apud Bethlehem oppidum Palaestinae beatissimo Hieronymo presbytero referentem audivi se familiarissimum Ataulpho apud Narbonam fuisse, ac de eo saepe sub testificatione didicisse quod ille, cum esset animo viribus ingenioque nimius, referre solitus esset se in primis ardenter inhiasse ut, obliterato Romano nomine, Romanum omne solum Gothorum imperium et faceret et vocaret, essetque, ut vulgariter loquar,* Gothia *quod* Romania *fuisset* [1]. — A peu près à la même époque nous retrouvons ce mot dans des circonstances plus tristes encore. L'autre grand docteur chrétien de ce temps, S. Augustin, assiégé dans Hippone par les Vandales, reçoit des lettres des évêques de la province qui lui demandent des conseils sur ce qu'ils doivent faire dans le péril et le désastre commun, et il leur répond sur la conduite à tenir en face de ceux que son biographe Possidius, alors enfermé avec lui, appelle *illos Romaniae eversores* [2]. Romania ne signifie pas seulement ici, comme le veulent les Bollandistes, *ditio romana in Africa*; il n'a plus même simplement le sens de *Romanum imperium* que lui donne Du Cange; il a pris une signification plus générale, celle de monde romain, de civilisation romaine opposée à la *Barbaries* [3] qui va la détruire.

---

1. Orose, VII, 43 (éd. Havercamp, p. 585).

2. *Vita Augustini*, c. 6, *AA. SS. Aug.* VI, p. 439.

3. *Barbaria*, pour désigner soit l'ensemble des pays barbares (Cicéron), soit un pays barbare (Ovide; Plaute le dit de l'Italie, cf. ci-dessus p. 5, n. 3), est classique; *barbaries* a un sens voisin, et désigne plus particulièrement un assemblage de barbares. A l'époque des invasions, ces mots, comme *barbarus* et *barbare*, s'appliquèrent spécialement aux Allemands. — Sur la partie de l'Afrique appelée *Barbaria*, par opposition à la *Romania* africaine, voy. les notes de Casaubon sur Lampridius.

Par un singulier hasard, les exemples du mot *Romania* sont plus anciens et plus nombreux en grec qu'en latin. Quand la capitale de l'empire eut été transportée à Byzance, il n'en resta pas moins l'empire romain; Constantinople fut appelée nouvelle Rome ou simplement Rome, et la langue latine resta longtemps encore la langue officielle [1]. Les écrivains grecs paraissent avoir adopté à cette époque le nom de *Romania* pour désigner l'ensemble de l'empire : Suicer et Du Cange en ont rassemblé de nombreux exemples, parmi lesquels je ne cite que les plus importants. S. Épiphane dit en parlant de l'hérésie d'Arius : .....καὶ ἐξαφθῆναι ἐξ αὐτοῦ πῦρ οὐ τὸ τυχόν, ὃ κατείληφε πᾶσαν τὴν Ῥωμανίαν σχεδόν, μάλιστα τῆς ἀνατολῆς τὰ μέρη [2]. Ce passage montre bien que le mot désigne non seulement l'empire d'Orient, mais tout ce qui était soumis aux Romains; S. Athanase dit expressément : Μητρόπολις ἡ Ῥώμη τῆς Ῥωμανίας [3]. C'est encore dans ce sens que l'emploie S. Nil : εἴρηκας διὰ τοῦτο πολλάκις πλήθη Βαρβάρων ἐμβάλλειν τῇ Ῥωμανίᾳ [4]. Plus tard, quand l'empire d'Occident fut détruit, le nom de Ῥωμανία [5] désigna dans les écrivains grecs l'empire de Byzance, et reparut, sous la forme *Romania* (avec l'accent sur l'*i*), *Romanie*, dans les écrivains occidentaux avec ce sens spécial [6]. C'est de là qu'il est arrivé à désigner les possessions des Grecs en Asie, puis les provinces qui forment aujourd'hui la Turquie d'Eu-

---

1. En 462 un magistrat fut destitué pour avoir employé, en Égypte, le grec au lieu du latin dans des actes publics (Lydus, *de Magistrat.* III, 42, dans Hænel, *Corpus legum*, p. 249).

2. *Haer.* LXIX, *de Ario*; id. *haer.* LXVI, *de Manete.*

3. *Athan. ad Solitar.*

4. *Nil. Epistol.* I, 75. Voy. encore les citations données dans le *Thesaurus*, dans Du Cange et surtout dans Suicer.

5. On remarquera que les Grecs avaient accommodé le mot latin *Romania* à leurs habitudes en l'accentuant sur l'*i*, c'est-à-dire en substituant au suffixe latin atone *-ia* le suffixe grec *-ía* qui plus tard devait rentrer dans le roman et y servir à former particulièrement des noms géographiques (voy. *Étude sur l'accent latin*, p. 93-95).

6. On en trouve des exemples dans Du Cange, et ils sont trop nombreux au moyen âge pour qu'il soit besoin d'en rapporter d'autres. — Je remarquerai seulement que *Romania* a ce sens dans un poème rythmique bien remarquable, publié par E. du Méril, sur une expédition victorieuse des Pisans en

rope et la Grèce, et où il faut le reconnaître sous la forme *Rou-mélie*. Je n'ai pas à m'étendre ici sur cette histoire du mot grec Ῥωμανία; il suffit de montrer qu'il provient du latin et que son usage habituel en Orient au IVᵉ siècle prouve qu'il était populaire en Occident avant cette époque.

En Occident le mot *Romania*, comme on l'a vu, fut surtout employé pour caractériser l'empire romain en face des Barbares ¹ et plus tard pour exprimer l'ensemble de la civilisation et de la société romaine ². Dans ce sens étendu, il comprend naturellement la langue, et cette idée accessoire est nettement indiquée dans les vers où Fortunat, s'adressant au Franc Charibert, lui dit :

> Hinc cui Barbaries, illinc Romania plaudit.
> Diversis linguis laus sonat una viro ³.

Romania, c'est ici l'ensemble des *Romani*, la société romaine, le monde romain en opposition au monde allemand ou barbare[⁴].

L'expression de *Romania* resta en usage jusqu'aux temps Caro-

---

1088. Il s'agit d'un chef de pirates musulman, établi en Afrique (*Poés. pop. du moyen âge*, p. 241) :

> Hic cum suis Saracenis devastabat Galliam,
> Captivabat omnes gentes que tenent Ispaniam ;
> Et in tota ripa maris turbabat Italiam ;
> Predabatur Romaniam usque Alexandriam.

On pourrait croire que *Romania* a encore ici le sens de domaine des Romains ; mais le sens général indique l'empire grec, et surtout l'accent sur l'*i*, dans ce vers et dans un autre où le mot reparaît (p. 250), fait voir qu'il s'agit ici de la *Romanie*, comme dit Villehardouin.

1. Voy. par exemple Jordanis, *de Reb. getic.* c. 25 : *Diuque cogitantes (Vesegothae) tandem communi placito legatos ad Romaniam direxere, ad Valentem imperatorem, fratrem Valentiniani.*

2. Un autre mot qui paraît avoir eu ce large sens est *Romanitas*, qui ne se trouve que dans Tertullien (*De Pallio*, 4), — par conséquent de très bonne heure.

3. Fortunat, *l.* VI, IV, *de Chariberto rege*, v. 7-8. C'est la même pensée qu'il exprime ailleurs en disant : *Romanusque lyra plaudat tibi, Barbarus harpa.*

[*4. Add. Jung, p. 139.]

lingiens, et reprit même sans doute une nouvelle vogue quand Charlemagne eut restauré l'*imperium Romanum*. Dans un Capitulaire de Louis le Pieux et Lothaire, on lit : *Praecipimus de his fratribus qui in nostris et Romaniae finibus paternae seu maternae succedunt hereditati* [1], et il me paraît probable que *Romania* signifie ici l'étendue de l'empire plutôt que l'Italie ou cette province italienne à laquelle le nom a fini par se restreindre [2]. Mais quand l'empire eut passé aux rois d'Allemagne, le mot *Romania* semble avoir désigné spécialement cette partie de leurs états qui n'était pas germanique, à savoir l'Italie. C'est le sens qu'il paraît avoir dans les passages suivants : *Gaudebundus effectus (imperator Graecorum) aurum et argentum infinitum cum puella transmiserunt in terra Romania* [3]. *Imperator autem a Romania discedens nostras (Germaniae) regiones invisit* [4]. *Imperatore et Ekkihardo pariter tunc in Romania commorante* [5]. *Multae sunt, pro dolor! in Romania atque in Langobardia insidiae* [6]. Enfin le nom de Romania finit par ne plus désigner que la province qui porte encore ce nom de Romagne, et qui répond à l'ancien exarchat de Ravenne; il lui vient d'après les uns de la célèbre donation faite par Pépin à l'*ecclesia Romana*, d'après les autres du nom de l'empire grec, de la 'Ρωμανία, dont cette province fut la dernière possession en Occident [7].

---

1. *Hlud. et Hloth. Capitul.* (825), ap. Pertz, *LL.* I, 251.

2. Quel sens précis a *Romania* dans une *Tabula genealogica* des Carolingiens (Pertz, *SS.* II, 314) où Louis, fils de Lothaire, est appelé *rex Italiae et Romaniae* ? Celui, si je ne me trompe, de province romaine, environs de Rome, qui est donné à notre mot, bien que rarement, dans un certain nombre de textes du moyen âge. [*Roz. *Form.*, XII, XIII, XIV.]

3. *Benedictus S. Andreae*, ap. Pertz, *SS.* III, 718.

4. *Thietmari Chronicon*, IV, 20, ap. Pertz, *SS.* III, 776.

5. *Id.* IV, 26, *ib.* p. 779.

6. *Id.* VII, 3, *ib.* p. 837.

7. Cette dernière opinion est celle d'Otton de Frisingue, mais je ne sais si elle remonte plus haut. Elle paraît confirmée par le diminutif *Romaniola* qui signifierait la petite *Romanie*. Mais elle a contre elle la forme *Romagna*, qui indique dans *Romania* l'accent sur l'*a* et non sur l'*i*. On peut supposer que le mot *Romania* désignait proprement les possessions de l'Église autour de Rome, et qu'on a ensuite appelé du même nom (ou d'un diminutif) celles qu'elle avait de l'autre côté des Apennins.

Le mot *Romania* se trouve encore employé pour désigner le pays romain par opposition au pays celtique. Ainsi dans la vie de S. Samson, évêque de Dol, écrite sans doute au viie siècle, on lit : *Quae citra mare in Britannia et Roman(i)a mirabiliose fecit* [1] ; et ailleurs : *Cum esset in domo sua (in) Romania* [2]. Pour les Bretons, la *Romania* c'est le pays romain le plus voisin, c'est-à-dire la Gaule, et ils l'appellent ainsi, comme on voit, même quand les Francs y règnent depuis longtemps.

En résumé, le mot *Romania*, fait pour embrasser sous un nom commun l'ensemble des possessions des Romains, a servi particulièrement à désigner l'empire d'Occident, quand il fut détaché de celui de Constantinople (qui de son côté s'attribua le nom de 'Ρωμανία). Depuis la destruction successive de tous les restes de la domination romaine, il a exprimé l'ensemble des pays qui étaient habités par les *Romani*, ainsi que le groupe des hommes parlant encore la langue de Rome, et par suite la civilisation romaine elle-même. Dans ce sens, *Romania* est un mot bien choisi pour dire le domaine des langues et des littératures romanes, et c'est dans ce sens que nous l'employons.

La Romania, à ce point de vue de la civilisation et du langage, comprenait autrefois, lors de sa plus grande extension, l'empire romain jusqu'aux limites où commençait le monde hellénique et oriental, soit l'Italie actuelle, la partie de l'Allemagne située au Sud du Danube, les provinces entre ce fleuve et la Grèce, et, sur la rive gauche, la Dacie; la Gaule jusqu'au Rhin, l'Angleterre jusqu'à la muraille de Septime Sévère; l'Espagne entière moins les provinces basques [3], et la côte septentrionale de l'Afrique [4]. De grands morceaux de ce vaste territoire lui ont été enlevés, surtout par les Allemands. Il est vrai

---

1. *Vita S. Samsonis, Prol.*, *AA. SS. Jul.* VI, 573.

2. *Ib. l. l. c.* 60; *add. c.* 61.

3. Le domaine du basque, représentant de l'ancienne langue indigène, paraît avoir plutôt diminué que grandi depuis la chute de l'empire romain. L'exposition détaillée de ce point de géographie linguistique serait ici hors de son lieu.

4. Fuchs, *Rom. Spr.*, p. 59-61, restreint trop, notamment pour l'Afrique et les provinces de la Gaule situées sur les bords du Rhin, l'étendue du domaine où le latin s'est réellement parlé comme langue populaire.

que plusieurs des pays jadis romains où se parle maintenant l'allemand n'ont jamais été complètement romanisés [1]. Pour l'Angleterre le fait est certain : quand les légions romaines se furent retirées, l'élément celtique indigène reprit bientôt la prépondérance, et les *Romani* qui, malgré tout, s'y trouvaient encore en grand nombre, furent absorbés sans doute autant par les Bretons que par les Saxons [2]. — Les pays situés sur la rive gauche du Rhin[3] qui ont été germanisés ne l'ont pas été tous à la même époque; ils doivent leur germanisation soit à la dépopulation causée par le voisinage menaçant des Barbares (Provinces rhénanes, Alsace-Lorraine), soit à l'extermination des habitants Romains par les envahisseurs (Flandre) [4]. — Mais il est sûr, particulièrement pour l'Alsace, que l'établissement germanique avait été précédé par une romanisation à peu près complète [5]. — Les contrées de la rive droite du Danube (Rhétie, Norique, Pannonie) avaient reçu de bonne heure des colonisations germaniques établies par les empereurs eux-mêmes; devant les invasions, une partie de la population romaine passa

---

1. Le latin n'avait pas pénétré en Thrace comme langue usuelle : voy. Zeuss, p. 263, et surtout A. Dumont dans les *Archives des Missions*, 2e série, t. VI, p. 474.

2. Telle est, si je ne me trompe, l'opinion qui tient le mieux compte de toutes les données du problème. Que la Bretagne ait été sérieusement romanisée, et que la tradition reçue, suivant laquelle, après le départ des légions, les Celtes se seraient retrouvés maîtres du pays comme avant César, soit insoutenable, c'est ce qui paraît évident; d'autre part, ne tenir aucun compte de l'élément celtique, comme le fait M. Thomas Wright (*Transactions of the historical Society of Lancashire*, t. VIII, 1856; *Archæologia Cambrensis*, jul. 1858), et supposer que les Gallois sont des colons venus d'Armorique, c'est contredire un grand nombre de faits historiques et philologiques, qu'il serait trop long d'exposer ici (cf. d'Arbois de Jubainville, *Bibl. de l'Éc. des chartes*, 1866, p. 399). Il suffit de dire qu'à l'inverse la colonisation de la Bretagne française par les Bretons d'Angleterre est un fait à peu près acquis à la science. Les *Romani* de Bretagne habitaient surtout les villes; la population des campagnes était restée celtique.

[*3. Voy. Asbach, Die Kultur der röm. Rheinlande (Deutsche Litt.ztg., 1902, n° 45).]

4. Voy. Roth, *Benefizialwesen*, ch. II.

5. C'est ce que Fuchs essaie en vain de contester (p. 60).

en Italie, le reste s'absorba plus ou moins lentement dans le peuple conquérant[1]; un petit noyau persista dans quelques vallées des Alpes. — Dans les provinces plus orientales, l'élément indigène s'était maintenu comme en Angleterre; mais la population romaine y avait pris plus de consistance, si bien qu'au milieu des anciens habitants (Albanais) et des masses d'envahisseurs successifs (Germains, Slaves, Hongrois, Turcs), les *Roumains* réussirent à se maintenir d'une part en corps de population considérables, d'autre part en petits groupes disséminés très nombreux, et parvinrent même à réoccuper la Dacie de Trajan, qu'Aurélien avait fait évacuer à tous les *Romani* dès le IIIe siècle. — En Afrique, ce ne furent pas les Vandales qui mirent fin au romanisme; il paraît au contraire probable que là comme en Espagne et en Gaule les Germains finirent par se fondre avec les vaincus[2], et il se serait sans doute formé dans le royaume de Genseric une langue romane particulière, si l'établissement vandale n'avait pas été détruit par les Grecs, et surtout si la funeste invasion des Musulmans n'avait arraché ces belles contrées au monde chrétien. Il est vraisemblable que quand les Arabes arrivèrent il restait encore de nombreux Romains dans le pays; toutefois l'élément indigène n'avait jamais disparu même du temps de la domination romaine[3] et dans le cœur des provinces qu'il entourait de tous côtés; il

---

1. Voy. les détails donnés plus haut sur ce point. Sur la romanisation ancienne des pays riverains du Danube, on peut voir Mamertin, *Gratiarum actio Juliano*, c. 7, bien qu'il y ait sans doute de l'exagération dans les paroles du rhéteur. Sur l'occupation rapide des bords du Danube (et du Rhin) par les Barbares, voy. S. Jérôme, *Epist. ad Ageruchiam* (éd. Mascou, I, 349). Voyez aussi, pour la dépopulation de ces contrées lors des guerres germaniques, les témoignages réunis par Rudhart, *Aelteste Geschichte Baierns*, p. 201 ss.

2. Papencordt, dans son *Histoire de la domination vandale en Afrique*, représente la séparation des *Romani* et des Vandales comme un peu plus complète et plus durable qu'elle n'a été. Il est certain cependant que les vainqueurs et les vaincus se sont assimilés moins facilement en Afrique qu'ailleurs, et Papencordt en a fort bien donné les raisons. [* Cf. *Rev. crit.*, 1902, II, 27.]

3. Voyez les preuves de ce fait dans Papencordt, *l. l.*, p. 36, note.

s'allia étroitement avec les Arabes, et les derniers vestiges du romanisme disparurent bien vite de l'Afrique. — L'Espagne au contraire, où la fusion des Goths avec les Romains était complète, conserva son caractère même sous la domination arabe et parvint finalement à s'en affranchir tout à fait. — Il en fut de même en Sicile : là le romanisme a non seulement chassé complètemeut l'élément arabe, mais encore fait disparaître l'élément grec qui sans doute y était encore assez abondant au commencement du moyen âge. Cet élément grec s'effaça aussi du sud de l'Italie où il s'était maintenu depuis la colonisation hellénique[*1]; dans le midi de la Gaule, il s'était absorbé de très bonne heure dans la civilisation romaine. — La Romania perdit cependant en Gaule une province qui certainement lui avait appartenu, ia péninsule à laquelle les colons venus de l'autre côté de la Manche firent donner le nom de Bretagne ; mais on ne peut douter que cette province, à l'époque de leur débarquement, n'ait été presque tout à fait dépeuplée.

Les pertes que la Romania a faites il y a quatorze siècles ne sont pas sans compensations. Non seulement elle a absorbé toutes les tribus germaniques qui ont pénétré dans le cœur de son territoire, mais elle a reculé de tous côtés les frontières que lui avait faites l'époque des invasions. Sur presque tous les points où elle s'est trouvée en contact avec l'élément allemand, en Flandre, en Lorraine, en Suisse, en Tyrol, en Frioul[2], elle a opéré un mouvement en avant qui lui a rendu une partie plus ou moins grande de son ancien territoire. En Angleterre, les Normands romanisés ont reconquis le pays pendant des siècles pour le monde roman, et leur langue n'a cédé à celle des Saxons qu'en s'y mêlant dans une proportion telle que l'étude de la langue et de la littérature anglaise est inséparable de celle des langues et des littératures romanes. J'ai déjà parlé de la suppression du grec en Italie, de la Dacie reconquise par les Roumains. Dans le Nouveau-Monde la Romania s'est annexé d'immenses territoires; elle a commencé à reprendre possession

---

[*1. Voy. Wesselofsky, *Tauromenium*.]

2. Nous avons l'intention de donner dans la *Romania* des études détaillées sur la délimitation des langues dans ces divers pays depuis les invasions jusqu'à nos jours.

d'une partie du Nord de l'Afrique. Le latin, dans ses différents dialectes populaires, — qui sont les langues romanes, — est parlé aujourd'hui par un nombre d'hommes bien plus considérable qu'au temps de la plus grande splendeur de l'empire.

Ces conquêtes de la Romania sont de deux genres. Les unes sont la simple conséquence des conquêtes matérielles faites par les nations romanes : telle est avant tout l'annexion d'une si grande partie de l'Amérique [1]. Les autres, bien moins considérables, mais plus intéressantes, sont des victoires de la langue. Une langue romane placée à côté d'une autre langue, — et spécialement d'une langue germanique, — prend presque fatalement le dessus, à moins que, comme en Rhétie et en Norique, le nombre des *welches* ne soit par trop inférieur à celui des Allemands qui les entourent. A quoi tient ce phénomène remarquable, cette influence destructive exercée peu à peu par les langues romanes sur leurs voisines? Les causes qu'on peut en donner sont de trois ordres : les unes tiennent à la puissance politique, à la splendeur sociale qui à diverses reprises ont appartenu aux pays romans : la France de Louis XIV, par exemple, exerçait en Europe un véritable prestige, qui se faisait sentir jusque dans les villages où se débattent obscurément ces questions vitales, et déterminait les paysans français à être fiers de leur langue, les paysans allemands ou flamands à abandonner facilement la leur. — Une autre cause est dans la construction des langues romanes comparées aux langues germaniques : ayant eu une vie historique beaucoup plus longue, elles sont, elles étaient surtout jadis plus claires, plus maniables, parce qu'elles avaient servi à des usages bien plus variés; elles demandent moins d'efforts non seulement aux organes de la voix, mais à la pensée. — Enfin la dernière raison doit être cherchée dans ce fait indéniable : c'est que, malgré l'influence considérable, et même salutaire, de l'élément germanique dans la constitution du monde moderne, la civilisation de l'Europe est essentiellement fille de la civilisation romaine, comme le christianisme a été transmis au monde moderne par le monde

---

1. Les empiétements de la *Germania* sur la *Romania* appartiennent exclusivement à cette première catégorie.

romain. Les langues romanes ont eu pour auxiliaire perpétuel le latin, organe de la science, de la philosophie, du droit et de la religion. Aussi voyons-nous dès le moyen âge entre les pays romans et les nations germaniques le même rapport qui se reproduit plus tard : les langues romanes, surtout le français, sont connues, parlées et lues dans le monde chrétien tout entier, tandis que les exemples de *Romani* connaissant une langue allemande pourraient sans doute se réduire à un nombre presque imperceptible. La raison alléguée ici est si réelle qu'on a vu également les nations slaves, quand elles se sont mises à participer à la civilisation moderne, commencer leur éducation par apprendre le français. Cette langue est encore dans le monde entier, avec l'italien, le signe et le véhicule d'une certaine culture affinée, c'est-à-dire de ce qu'il y a de plus délicat dans la civilisation commune aux peuples modernes, venue des Romains, transmise et développée par les nations romanes.

Ces réflexions amènent naturellement à se poser une question intéressante et difficile : la Romania forme-t-elle vraiment un domaine intellectuel et moral, ou n'est-elle constituée que par l'origine commune des langues romanes ? En d'autres termes, existe-t-il entre les peuples qui parlent aujourd'hui des dialectes latins des liens réels, autres que ceux de l'unité de langage, lesquels peuvent en somme être considérés comme purement fortuits et sont actuellement fort relâchés ? Question grave, qui en engendre de plus graves encore, et qu'il ne faut aborder qu'avec une grande circonspection, si on tient à ne pas se payer de mots et à ne pas sacrifier à une idée préconçue la sincérité scientifique. Pour la traiter et la résoudre en détail, il faudrait un espace dont je ne dispose pas ici ; je me permettrai seulement de proposer à ce problème capital la solution qui me paraît aujourd'hui le mieux répondre à la vérité. Je n'essaierai pas de l'appuyer sur des faits, je ne ferai que l'exposer très sommairement, laissant au lecteur le soin de compléter ce qui sera simplement indiqué.

La Romania, ou l'union des nations romanes, n'a pas pour base une communauté de race. Quand on parle des races latines on emploie une expression qui manque absolument de justesse : il n'y a pas de races latines. La langue et la civilisation romaines ont été adoptées, plus ou moins volontairement, par les races les plus diverses, Ligures, Ibères, Celtes, Illyriens, etc. C'est donc sur le sacrifice de la nationalité propre et originelle que repose l'unité des peuples romans ; elle a pour base un principe tout différent de celui qui constitue l'unité germanique ou slave. Le développement particulier de chacun de ces peuples leur a rendu, il est vrai, une personnalité nationale bien marquée, mais ce développement lui-même a pour point de départ, non la nationalité ancienne, mais la culture du monde gréco-romain. Les invasions germaniques ont presque détruit cette culture ; grâce à la conversion des envahisseurs à la religion des *Romani*, elles ne l'ont pas complètement anéantie, et le monde moderne a pu renouer la tradition interrompue. Le moyen âge a été, surtout dans les pays romans, une lutte perpétuelle entre cette tradition et les tendances nouvelles de la société issue des conquêtes allemandes. Entre les deux courants il y a eu fusion à différents degrés : les Allemands, plus tard les Slaves, ont adopté en grande partie les idées, les mœurs, les institutions romaines, tandis que les pays romans, et surtout la France, ont fortement subi l'influence germanique. L'Europe actuelle, en tant qu'on la conçoit comme formant jusqu'à un certain point une seule nation (à laquelle se rattachent les établissements européens du nouveau-monde), n'est qu'une autre forme de l'empire romain restauré par Charlemagne. Dans le sein de cette association, les peuples romans forment un groupe plus étroitement uni, auquel s'opposent, tenant à l'ensemble par un lien de plus en plus lâche, les deux grandes nations des Germains et des Slaves. Chez ces peuples, la nationalité est exclusivement le produit du sang ; la Romania au contraire est un produit tout historique. Son rôle paraît donc être, en face des sociétés qui ne sont que des tribus agrandies, de représenter la fusion des races par la civilisation. C'est dans cette pensée que les divers peuples qui parlent encore latin, sans abjurer en rien leur individualité propre, peuvent trouver la base d'une sympathie raisonnée et même d'une action commune. Le principe des nationalités fondées sur l'unité de race, trop facilement accepté même chez nous, n'a point eu jusqu'ici de fort heureuses conséquences. A ce principe, qui ne repose que sur une base physiologique, s'oppose heureusement celui qui fonde l'existence et l'indépendance des peuples sur l'histoire, la communauté des intérêts et la participation à une même culture. Il oppose le libre choix et l'adhésion qui provient de la reconnaissance des mêmes principes à la fatalité de la race ; il est éminemment progressif et civilisateur, tandis que l'autre sera toujours par son essence conservateur et même exclusif. Ce n'est pas que le rationalisme pur, qu'on est habitué en France à introduire dans la politique, soit moins dangereux que l'esprit de race : le jeu opposé du principe de tradition et du principe de progrès est la condition de tout développement régulier. Mais le lien qui unit entre elles les nations romanes est précisément, par sa nature, à la fois traditionnel et rationnel. Héritières de Rome, elles doivent conserver de son esprit ce qui est le plus utile à l'humanité, la tendance vers une civilisation commune, équitable et éclairée. Elles doivent tenir à honneur de se rattacher au grand effort tenté il y a seize siècles, qui échoua si misérablement au moment même où on en célébrait l'heureux succès; elles doivent viser à réaliser autant que possible ces belles hyperboles des poètes latins, qui peuvent devenir un jour des vérités; elles ont pour mission de représenter dans le monde moderne l'idée d'une cité commune, entrevue par les Romains, en la fondant sur des bases plus solides. Elles n'ont d'ailleurs pas cessé de constituer en quelque mesure, par la communauté de leur langue, de leurs souvenirs et de leurs aspirations, cette *patriam diversis gentibus unam*, qui enthousiasmait le Gaulois Rutilius.

La fraternité des diverses nations romanes est sensible dans l'histoire de leurs littératures autant que dans celle de leurs langues. Au moyen âge les plus importantes d'entre elles ont eu constamment les rapports intellectuels les plus étroits; plus tard elles ont pris part successivement à ce grand mouvement de la renaissance qui était réellement pour elles une restauration. Mais en même temps, grâce aux conditions diverses où elles se sont trouvées et à leur contact plus ou moins fécond avec d'autres peuples, surtout au moyen âge, l'individualité de chacune s'est constituée. Cette individualité a même été assez marquée pour que le sentiment de la communauté ait pu presque s'effacer : il doit trouver une réviviscence durable dans l'étude des langues et des littératures romanes, à laquelle nous consacrons ce recueil. Nous ne poursuivons, cela va sans dire, d'autre

intérêt que celui de la science : les faits seuls parleront ; nous
ne les choisirons ni ne les interpréterons avec aucune idée préconçue. Mais c'est précisément au point de vue purement
scientifique que le rapprochement perpétuel entre les langues
et les littératures des diverses nations qui composent la Romania
est le plus utile et le plus fructueux. Elles s'éclairent sans cesse
l'une par l'autre, au point qu'il est impossible d'approfondir
l'étude d'une seule d'entre elles si on n'a des autres une connaissance familière. C'est pour cela que nous les réunissons dans
ce recueil, et nous lui avons donné le beau nom, depuis longtemps oublié, par lequel les *Romani* d'Italie, de Gaule, d'Espagne et d'Orient désignaient jadis la grande cité où ils étaient
tous entrés à leur tour.

[*Romania*, I (1872), p. 1-22].

(*A suivre.*)

L'APPENDIX PROBI

[I]

On sait que le manuscrit latin qui porte le n° 16 dans la bibliothèque impériale de Vienne, — manuscrit du VIIIe ou du IXe siècle, provenant de Bobbio, — contient, après l'*Ars minor* de Valerius Probus, quelques pages qui ont été publiées d'abord par Endlicher en 1837 dans ses *Analecta grammatica*, puis par Keil en 1864 dans le tome IV. des *Grammatici latini* (p. 193-204), sous le titre d'*Appendix Probi*. Cet appendice se compose de cinq morceaux bien distincts : 1° (p. 193, 1 — 196,2) remarques sur la déclinaison ; 2° (196, 13 — 197, 18) remarques sur la rection des cas ; 3° (197, 19 — 199,17) remarques orthographiques ; 4° (199, 18 — 203, 34) *differentiae* ou remarques sur la différence de sens de mots homonymes ; 5°(203, 35 — 204, 6) énumération en dix lignes de verbes déponents. Ces morceaux n'ont pas de lien entre eux ; le troisième et le quatrième ont seuls de l'intérêt ; le quatrième se retrouve isolé dans le manuscrit 306 de Montpellier, où il est attribué expressément à Valerius Probus (*Incipiunt differentiae Probi Valerii*). C'est du troisième seulement que je veux dire quelques mots.

L'importance de ce morceau pour la prononciation vulgaire du latin est considérable. Il n'est pas le seul, dans les écrits grammaticaux latins qui nous sont parvenus, qui présente des listes de graphies vicieuses mises en regard des formes correctes, mais il nous offre à la fois la plus riche de ces listes et celle qui contient les formes les plus éloignées des formes classiques, et par conséquent les plus intéressantes, surtout pour le romaniste. Aussi Diez a-t-il souvent cité dans sa grammaire le témoignage de l'*Appendix Probi*, c'est-à-dire du troisième morceau, et M. Seelmann l'a-t-il fait passer à peu près entièrement dans son livre sur la prononciation du latin. M. Paul Meyer a fait figurer, à bon droit, un long extrait de ce morceau en tête de son *Recueil de textes bas-latins, français et provençaux*. Je pense en donner quelque jour une édition accompagnée de commentaires étendus; je ne veux ici qu'aborder une question préliminaire, sur laquelle j'appelle l'attention des philologues.

La valeur des renseignements fournis par ce morceau dépend naturellement beaucoup de sa provenance. Il serait très important, pour l'histoire de la phonétique latine et néo-latine, de savoir où et quand la liste a été composée, et par conséquent quelle prononciation vulgaire elle représente en la combattant. Je ne sache pas qu'on ait encore tenté de déterminer la date et la patrie de ce précieux petit texte ; peut-être est-il possible, et c'est ce que je vais essayer de faire, d'arriver sur ces deux points à un résultat approximatif.

Le manuscrit est trop récent pour nous apprendre quelque chose ; on juge seulement, par les nombreuses fautes qu'il présente, que le copiste ne comprenait pas ce qu'il transcrivait; le fait qu'il a, sans doute, été écrit à Bobbio ne prouve rien non plus. Pour dater notre morceau, nous avons à l'étudier en lui-même : on peut y arriver par des observations ou internes ou externes; en d'autres termes, nous pouvons chercher à déterminer l'époque et le pays où il a été écrit par la présence ou l'absence de certains traits de l'évolution phonétique ou morphologique du latin dont nous connaissons à peu près le temps et le lieu, et d'autre part il peut contenir en lui-même des éléments formels de datation. Je ne parlerai guère que des arguments de l'ordre externe.

Il y a une note qui, au premier abord, semble en fournir un aussi précis que péremptoire, c'est la suivante :

Vico Capitis Africae   non vico Caput Africae [1].

En effet, nous connaissons par d'autres textes à Rome [2] un

---

1. Le manuscrit porte *vicocaput non vicocapitis*; dans les trois autres noms de rues qui suivent, le mot *vico* est également uni par l'écriture au génitif qui en dépend. On sait que dans les indications topographiques, c'est l'usage de mettre *vico* à l'ablatif. M. P. Meyer corrige à tort *vicecaput, vice capitis*.

2 Voy. Becker, *Handbuch der röm. Alterthümer*, t. I, p. 508; Jordan, *Topographie der Stadt Rom.*, t. II, p. 588, et les auteurs plus anciens cités dans l'*Onomasticum* de Forcellini-De Vit au mot *Caput*.

vicus Capitis Africae, situé dans la deuxième région, qui portait encore au moyen âge le nom que notre grammairien signale comme incorrect : *vicus* (ou *viculus*) *Caput Africae* [1]. Cette rue dé Rome devait évidemment son nom à un buste, sans doute colossal, représentant l'Afrique, qui l'ornait [2]. Mais ce qui est surtout intéressant, c'est qu'il y avait là un *paedagogium,* spécialement affecté à l'instruction des jeunes esclaves destinés au service du palais impérial [3] ; diverses inscriptions nous font connaître cet établissement, dont les élèves, si l'on peut ainsi dire, portaient le titre de *Caputafricenses* [4] ; dans plusieurs de ces inscriptions, nous retrouvons la faute même corrigée par notre texte, et qui consiste à traiter *Caput Africae* comme un mot invariable [5]. On est donc tout disposé à regarder ce texte comme composé à Rome, et par un *paedagogus* du *Caput Africae* pour l'usage de ses disciples, à l'époque impériale [6]. Une autre note, *septizonium non septidonium,* semble d'ailleurs accuser aussi une origine romaine : on connait le *septizonium* construit par Septime Sévère et qui resta debout pendant une grande partie du moyen âge [7]. Malheureusement, d'autres faits que présente

---

1. Gregorovius, *Geschichte der Stadt Rom im Mittelalter,* t. V, p. 627.

2. On connait à Rome deux autres rues qui portaient des noms analogues, le *vicus Capitis canterii* et le *vicus Capitis tauri.* Pour ces deux noms nous avons également des textes où *vico* est suivi de *Caput* indéclinable.

3. Voy. notamment Marquardt, *Das Privatleben der Rœmer,* p. 156 ; Orelli, nos 2685, 2934, 2935 ; *C. I. L.,* V ,1039.

4. Orelli, 6371 : *Alexander, Augustorum servus, filio dulcisimo caputafricesi, qui deputabatur inter bestitores.*

5. Orelli, 2685 : *Niceratus... paedagogus a Caput Africae* ; de même 2935. Au contraire, au n° 2934, nous voyons une liste de *paedagogi puerorum a Capite Africae.*

6. D'après Becker et Marquardt (*l. c.*), le *Caput Africae* ne paraîtrait que depuis l'époque de Caracalla ; cependant Cavedoni (*Bullettino dell' Istituto archeologico Romano,* 1850, p. 160) cite une inscription qui, portant le nom d'un M. Ulpius Agathonicus, *paedagogus a Caput Africae,* remonterait au temps de Trajan ; mais la preuve ne paraît pas décisive ; cf. ci-dessous, p. 36, n. 4. L'établissement a dû exister jusqu'à l'époque de Constantin, à en juger par la barbarie d'inscriptions comme celle qui est rapportée ci-dessus à la note 4.

7. Voy. ci-dessous p. 37, n. 3.

notre morceau viennent singulièrement ébranler cette conjecture.

D'abord le *vicus Capitis Africae* n'est pas le seul qui soit mentionné; trois autres le suivent immédiatement :

> Vico stabuli proconsulis   non vico tabuli proconsulis [1].
> Vico castrorum   non vico castrae [2].
> Vico strobili   non vico trobili [3].

M. Jordan, dans sa *Topographie de la ville de Rome*, range ces trois rues, relevées uniquement dans l'*Appendix*, parmi les rues de Rome; mais on peut se demander si c'est à bon droit. Il n'y a rien à dire contre un *vicus Strobili* : une pomme de pin en bronze peut très bien avoir orné une rue de Rome (qu'on se rappelle la pomme de pin colossale transportée de Rome à Aix par Charlemagne et qui se trouve aujourd'hui devant la porte de la cathédrale, la *pigna* du Vatican provenant du mausolée d'Hadrien, et la *Via della pigna* au moyen âge [4]); le *vicus Castrorum* pouvait être ainsi appelé du voisinage des *castra* nombreux à Rome : on songerait surtout aux *castra peregrina*, mentionnés dans les différentes descriptions à côté du *Caput Africae* [5]. Mais comment pouvait-il exister à Rome un *vicus Stabuli proconsulis* ? Jamais il n'y a eu de proconsul dans la ville, et il ne

---

1. Le manuscrit porte *vicotabuli proconsulis non vicotabulu proconsulis*. M. Hübner (d'après Jordan, *l. c.*) lit : *vico stabuli non vico stabulu[m]*. La faute consisterait ainsi, comme pour *vico caput Africae*, dans la substitution du nominatif au génitif après *vico* (car *vico Caput Africae* paraît être pour *vico qui dicitur Caput Africae*). Mais l'usage attesté pour *Caput* ne l'est pour aucun autre nom; je pense donc que la faute relevée ici consiste, comme pour *vico trobili = vico strobili*, dans la suppression de l's, et j'explique cette faute par le nominatif : *vicus stabuli, vicus strobili* a été compris comme *vicus tabuli, vicus trobili*, d'où *vico tabuli, vico trobili*.

2. C'est un des plus anciens exemples de la transformation si fréquente d'un neutre pluriel en féminin singulier. Le mot *castra* au féminin apparaît souvent dans les inscriptions, notamment en Afrique. Il survit en français dans les noms *La Châtre, Châtres*, que portent différents lieux. M. Jordan veut à tort lire *castra* pour *castrae*.

3. Le scribe avait d'abord écrit la seconde fois comme la première *vico strobili*.

4. Voy. Gregorovius, t. VII, p. 702.

5. Voy. Urlichs, *Codex topographicus urbis Romae*, p. 4, 5, 35, etc.

peut s'agir ici que d'un proconsul établi à demeure, puisque ses
écuries avaient donné leur nom à une rue.

Voilà une première difficulté qui nous arrête. D'autres
remarques vont décidément nous éloigner de Rome. On trouve
dans ce court texte trois noms de lieux, et ces trois noms se
rapportent à une même province, à une même région :

> Syrtes   non Syrtis [1].
> Byzacenus   non Bizacinus.
> Capsensis   non Capsesis [2].

Le Byzacium, où se trouve Capsa, est une région de l'*Africa
proconsularis*, qui est limitée à l'est par la petite Syrte : il y a
là une indication qui me paraît décisive. Je crois qu'on peut
encore reconnaître une ville de la même région dans une note
dont il ne reste plus que la forme incorrecte, *ametra*; je lirais
en effet :

> [Ammaedara   non] Ametra [3].

Si le *vicus Stabuli proconsulis* nous amène à une ville où séjour-
nait un proconsul, c'est à Carthage qu'il faut placer la composition de notre texte. Le *vicus Capitis Africae* ne fait pas difficulté : il est naturel qu'à Carthage, chef-lieu de l'Afrique, il
y ait eu, comme à Rome, une tête colossale de l'Afrique qui
aura donné son nom à une rue [4]. Quant à *septizonium*, c'est un

---

1. Il faudrait à l'inverse *Syrtis non Syrtes*.

2. Le manuscrit porte *capsesys non capsesis*, mais, cette note étant placée
immédiatement après *byzacenus non bizacinus*, la correction n'est pas dou-
teuse.

3. *Ammaedara*, est la forme la plus authentique (voy. C. I. L., VIII, 50);
on trouve aussi *Ammedara*, *Ammedera*. La forme que nous supposons dans
notre texte peut s'appuyer sur ce passage de Procope (*De aedif. Justin.*, VI,
6) : Ἀμμαίδαρα, ὅπερ καλοῦσιν οἱ ἐπιχώριοι Αὐμέτερα (plutôt que Αὐμετίρα,
donné par les éditions et le *Corpus*).

4. Si on ne regarde pas l'inscription mentionnée ci-dessus, p. 34, n. 6,
comme prouvant l'existence du *Caput Africae* dès l'époque de Trajan, la
conjecture émise par Becker (*l. c.*) paraîtra très vraisemblable. D'après lui,
la tête colossale de l'Afrique a dû être érigée par Septime Sévère, cet Afri-

nom commun, désignant d'abord l'ensemble des sept planètes, puis un monument élevé en leur honneur à l'imitation d'édifices assyriens et phéniciens [1]. Commodien se moque de la vénération des païens d'Afrique pour le *septizonium* [2], et le *septizonium* élevé à Rome par l'Africain Septime Sévère paraît avoir été un souvenir de sa patrie [3] ; bien avant lui nous voyons un *septizonium* joint, comme à Rome, à un *nymphaeum* [4] dans la ville de Lambèse [5]. — Une autre note semble se rapporter à un édifice connu, dont on ne trouve pas de trace ailleurs, notamment dans les documents si nombreux que nous avons sur l'ancienne Rome :

chalcostegis   non calcosteis [6].

---

cain si préoccupé du souvenir de sa patrie (cf. ci-dessous, n. 3). Dès lors il serait possible qu'il eût simplement imité à Rome un monument de Carthage, où il avait été proconsul.

1. Voy. Forcellini-De Vit, *s. v.*

2. *Carmen* VII : *De septizonio et stellis*. On sait que Commodien était de Gaza en Palestine, mais il a vécu en Afrique, et ses œuvres sont absolument africaines ; voyez ci-dessus [*Mélanges Renier*] l'article de M. Boissier.

3. Spartien nous dit (*Sever.*, 19) : « *Cum septizonium faceret, nihil aliud cogitavit quam ut ex Africa venientibus suum opus occurreret.* » Son tombeau aussi était *specie septizonii exstructum*.

4. Cf. Amm. Marcel., XV, 7, 3 : « *Septemzodium, ubi operis ambitiosi Nymphaeum condidit Marcus imperator.* »

5. Voy. *C. I. L.*, VIII, 2657 : *Aurelius Cominius Cassianus... septizonium marmoribus musaeo et omni cultu vetustate dilabsum restituit*. Il est aussi parlé de *nymphaeum*, et Willmanns remarque : *Septizonium igitur... aedificatum videtur esse jam multo ante Severi imperium, una cum ipso, opinor, primo ductu, Hadriani fortasse tempore.* — Notons que, parmi les altérations si nombreuses qu'a subies à Rome le nom du monument construit par Sévère (*septizodium, septisolium, septa Solis*, etc.), ne se trouve pas la forme *septidonium* de notre texte. Cette forme est donnée par le scholiaste de Lucain cité dans Forcellini-De Vit, mais appliquée à la représentation de l'ensemble des planètes, en sorte qu'il serait possible qu'il s'agit dans notre texte de cette représentation et non d'un édifice ; toutefois le voisinage de *chalcostegis* indique plutôt le contraire.

6. Ce mot ne nous a pas été transmis en grec, mais nous avons πετρόστεγος, ξυλόστεγος, χρυσόστεγος, et on sait que les toitures recouvertes de lames d'airain n'étaient pas rares. La forme *chalcostegis* (ms. *calcostegis*) est assez difficile à comprendre : notons qu'à côté de ξυλόστεγος on trouve ξυλοστεγής.

L'examen du texte au point de vue de la grammaire et du lexique serait loin, croyons-nous, de contredire l'hypothèse d'une origine africaine. Je ne veux pas entrer ici dans cet examen. Je me bornerai à signaler l'absence de traits phonétiques qui, à partir d'un certain moment, apparaissent dans le latin vulgaire avec une fréquence de plus en plus grande, particulièrement en Afrique. Ainsi notre texte ne présente aucune trace de la confusion de *ae* avec *e*[1], de la confusion de *t* et *c* devant un *i* en hiatus[2], de la prothèse d'un *i* (*e*) à l'*s* impure[3]. Étant donnée la vulgarité frappante de plusieurs des formes qu'il contient (citons *acqua*, *aus* et autres pareils, *noscum*, *passar*, *veclus* et autres pareils), il est peu admissible que l'auteur, s'il avait connu les fautes qui viennent d'être indiquées, ne les eût pas signalées. Or la première, rare au IIe et au IIIe siècle[4], est très fréquente au IV[e][5]; la seconde est attestée comme très répandue en Afrique au IIIe siècle par un acrostiche de Commodien[6]; la troisième apparaît simultanément, si je ne me trompe, en Espagne, à Rome et en Afrique tout à la fin du IIe siècle[7]; encore rare au IIIe siècle, elle devient abondante au IVe et elle foisonne au Ve.

---

1. Je ne compte pas *Ametra* pour *Ammaedara* ; c'est un mot étranger.

2. *Theophilus* (ms. *Theofilus*) *non Izofilus* ne fait pas exception; il s'agit d'un mot grec et d'un θ. Cette forme *Izofilus* est certainement fautive; M. Schuchardt (*Vocalismus*, I, 153) lit *Ziophilus*; je lirais plutôt *Zophilus* ou *Tzophilus*.

3. M. Seelmann interprète comme un *i* prothétique l'*i* d'*Izofilus* (*Die Ausspr. des Lat.*, p. 318), mais c'est inadmissible.

4. Les exemples sont fréquents à Pompéi, puis disparaissent pendant près de deux siècles ; voy. Seelmann, p. 225.

5. Seelmann, *l. c.*

6. *Carm.* II, 23, *Concupiscencia*; le vers correspondant au quatrième *c* commence par *cum*.

7. Le plus ancien exemple paraît être celui de Barcelone du IIe siècle (Schuchardt, III, 271), *iscolaticus*. Il est curieux en ce qu'il émane d'un maître d'école, et indique par conséquent que cette prononciation n'était pas restreinte aux gens absolument ignorants. Le plus ancien exemple africain, *iscripta* (Renier, 1375; *C. I. L.*, VIII, 2438), est peut-être douteux : on peut entendre *inscripta*.

Sans vouloir donner une précision trop grande aux conclusions qu'on peut tirer de ces dernières remarques, je crois donc qu'on est autorisé à considérer notre liste comme dressée à Carthage et sans doute avant la fin du IIIe siècle.

On sait que le latin africain possédait beaucoup de mots grecs ; on ne sera donc pas étonné d'en trouver une trentaine dans notre courte liste, d'autant qu'ils étaient naturellement plus sujets que les autres à des altérations que les grammairiens essayaient de corriger [1]. Ni dans ces mots ni dans les mots latins on ne trouve de termes empruntés au christianisme [2], et c'est encore une considération à faire valoir en faveur de l'ancienneté de cette liste, quand on se rappelle avec quelle rapidité le christianisme se développa en Afrique, où la littérature chrétienne trouva son premier foyer.

[*Mélanges Renier* (1886), p. 30.]

---

1. Voici la liste de ces mots, sous leur forme grecque et sous celle qui est signalée comme fautive. Je corrige sans les indiquer les erreurs du manuscrit. On remarquera que plusieurs de ces mots sont restés dans les langues romanes avec la forme vulgaire qu'ils avaient au IIIe siècle. Leurs altérations remontent souvent à la prononciation grecque.

Adon (Adonius)	Marsyas (Marsuas)
amphora (ampora)	myrta (murta)
amygdala (amiddola)	musium (museum)
basilica (bassilica)	opobalsamum (ababalsamum)
botruus (butrio)	pancarpus (parcarpus)
brabeum (bravium)	pegma (peuma)
calathus (galatus)	plastes (blasta)
chlamys (clamus)	porphyreticum (purpureticum)
cithara (citera)	Sirena (Serena)
daucus (draucus)	stropha (stropa)
dysentericus (disentericus)	teloneum (toloneum)
gyrus (girus)	thymum (tumum)
hermeneumata (erminomata)	Theophilus (Zophilus)
horologium (orilegium)	zinziber (ziziper)

Il faut noter qu'on ne trouve pas trace dans ces mots du changement de *ph* en *f* (les *f* = *ph* appartiennent au copiste) : le *ph* est rendu par *p* dans *ampora*, *purpureticum*, *stropa* ; c'est encore un signe d'antiquité. — La note inintelligible *homfagium non monofagium* paraît encore se rapporter à un mot grec.

2. *Plastes* a le sens de « modeleur, potier », et non de « créateur ». *Theophilus* est un nom païen aussi bien que chrétien.

[II]

SUR L'APPENDIX PROBI (III)

La troisième section du recueil d'observations grammaticales désigné sous le nom d'*Appendix Probi* est, comme on sait, d'un grand intérêt pour l'étude du latin parlé et, par suite, des langues romanes, parce qu'elle contient beaucoup de formes vulgaires qu'on chercherait vainement ailleurs, et qui se retrouvent en bonne partie dans le latin encore vivant dont les langues romanes sont les dialectes. Il est donc intéressant de savoir où et quand cette curieuse liste de graphies, de prononciations ou de formes condamnées par la grammaire officielle a été rédigée. J'ai consacré à cette recherche une courte étude insérée en 1887 dans les *Mélanges* publiés par l'École des Hautes Études en l'honneur de Léon Renier. J'ai conclu que le recueil avait très vraisemblablement été dressé, pour servir à l'enseignement pratique du latin littéraire, au IIIe siècle de notre ère et à Carthage. Mon travail a été le point de départ de toute une série d'études dont on trouvera la liste ailleurs[1], et l'intérêt rappelé sur ce document nous en a valu une édition fort améliorée par M. W. Foerster (accompagnée d'une reproduction héliographique du manuscrit), reproduite par M. Heraeus et plus tard, avec de nouvelles améliorations, par M. Foerster lui-même, ainsi que des commentaires complets et fort précieux de ces deux savants et de M. Ullmann, et des remarques occasionnelles de MM. Sittl, Kübler, Gundermann, Bücheler et autres. Je ne veux m'occuper ici que de la critique à laquelle ont été soumises mes conclusions sur les dates et la patrie de l'opuscule en question.

Pour la date, tout le monde, si je ne me trompe, a accepté celle que j'avais proposée, en m'appuyant d'une part sur le caractère païen du document, d'autre part sur l'absence de certains

---

1. Voy. la note bibliographique à la p. 225-226 de l'*Altfranzösisches Uebungsbuch* publié par MM. Foerster et Koschwitz (2e éd., Leipzig, Reisland, 1902).

phénomènes qui apparaissent dès le IIIe ou même le IIe siècle et que l'auteur n'aurait pas manqué de mentionner s'il les avait connus[1]. On a seulement relevé certains traits qui indiqueraient plus précisément l'époque de Septime Sévère ; il est vrai que ces traits ne sont probants que si le recueil a été composé, non, comme je le crois, à Carthage, mais à Rome.

Pour le lieu, mon opinion a été acceptée par MM. Sittl[2] et Kübler, qui l'ont appuyée d'arguments d'ordre interne dont je n'examine pas ici la valeur. Elle a été combattue d'abord par M. Ullmann, dans un travail très long et très digne d'attention, puis par M. Foerster : ces deux savants s'en tiennent à l'opinion que j'avais eue d'abord moi-même, et que suggère naturellement la mention du *Caput Africae*, le *paedagogium* bien connu du Caelius. Ils pensent que les raisons qui m'ont fait abandonner cette manière de voir ne sont pas suffisantes, et qu'il y en a en revanche qui s'opposent à ce que notre texte soit carthaginois.

Au fond la controverse porte essentiellement sur deux articles du recueil, qui se suivent immédiatement (134 et 135) et qui semblent contradictoires : *vico capitis Africae non vicocaput Africae* 134, qui paraît indiquer Rome, et *vicotabuli proconsolis non vicotabulu proconsulis*, qui paraît l'exclure, puisqu'il n'a jamais pu y avoir de proconsul résidant à Rome. C'est en vain, à mon

---

1. Parmi ces phénomènes absents de notre texte se trouve la prothèse d'un *i* (*e*) à l'*s* impure initiale. M. Seelmann et M. Foerster croient cependant la reconnaître dans l'article 46, *theofilus non izofilus*; mais ce serait le seul exemple connu de prothèse devant *z* (les fautes, plus ou moins avérées, de lapicides qui ont mis un *i* devant *br, m, l, ps, f*, et que rapporte M. Seelmann, ne peuvent nullement être alléguées en faveur d'une telle forme dans un texte comme le nôtre). M. Foerster renvoie à l'art. 202, où le ms. a *constabilitus non constabilitus*, et où une conjecture, tout arbitraire, de M. Bücheler propose *stabilitus non istabilitus* (peut-être *const. non cost.* ou *non costabl.*), et à l'art. 126 *effiminatus* (l. *effem.*) *non imfimenatus*, dont je ne saisis pas le rapport avec notre cas.

2. M. Foerster (*Altfranzösisches Uebungsbuch*) écrit : « Heimat und Zeit : Afrika G. Paris, darnach genauer (Karthago) und für Heiden geschrieben K. Sittl. » Mais j'avais déjà signalé le caractère païen du document, et j'avais également fixé à Carthage, et non simplement en Afrique, le lieu où il a dû être rédigé (*Mél. Renier*, p. 306 [Cf. ci-dessus, p. 36] : « C'est à Carthage qu'il faut placer la composition de notre texte »).

avis, qu'on a contesté la valeur de cet argument [1]. Or si le document a été rédigé dans une ville où résidait un proconsul, cette ville ne peut être que Carthage. J'ai relevé en effet d'autres faits qui indiquent une origine africaine, et dont on n'a pas réussi à ébranler la force probante. Il n'y a dans le recueil que trois noms géographiques cités : *Capsensis, Byzacium, Syrtes* [2], et tous trois non seulement sont africains, mais se rapportent à l'*Africa proconsularis* : le Byzacium où se trouve Capsa, en est une subdivision, et elle est bornée à l'est par la petite Syrte. On a dit qu'il pouvait, qu'il devait y avoir des Africains parmi les esclaves ou affranchis de l'école romaine du

---

1. J'avais cru pouvoir restituer *vico stabuli pr. non ·vico tabuli pr.*, en m'appuyant sur l'art. 137, où l'édition Keil donnait *vicostrobili non vicotrobili* ; mais le manuscrit portant en réalité *vicostrobili non vicostrobili*, avec une faute évidente mais difficile à corriger, ma restitution perd cette confirmation. Elle me paraît toutefois encore plus plausible que les deux autres qu'on a proposées. M. Zangemeister veut lire *vico catabuli pr. non vico tabuli*; on peut faire à cette conjecture, et plus fortement, l'objection que M. Foerster fait à la mienne : comment aurait-on oublié que le *vicus catabuli*, voisin du *catabulum*, en tirait son nom? D'ailleurs il paraît peu probable qu'un quai de débarquement (c'est le sens de *catabulum* ou *catabolum*) se soit appelé *c. proconsulis*. M. Bücheler lit *vico tabulae pr. non vico tabuli pr.*, et ajoute : « Le peuple traite les mots de ce genre comme des composés, et ainsi *tabulu* s'explique comme l'*u* dans la forme récemment découverte *vicu coruenses*. » Je ne vois pas l'analogie entre les deux cas. — Pour ruiner l'argument tiré, contre l'origine romaine, de la mention d'un proconsul, M. Ullmann remarque que Septime Sévère, même devenu empereur, garda le titre de proconsul ; mais certainement on ne le désigna jamais à Rome par ce simple titre (c'est ce qu'a reconnu M. Foerster). M. Bücheler, qui, comme on l'a vu, croit que la bonne forme est *vico tabulae pr.*, ne trouve rien d'étonnant à ce qu'un *vicus* de ce nom ait existé à Rome : « Il a pu suffire que n'importe quel proconsul eût fait un jour poser là une table, ou qu'on en eût posé une en son honneur, pour qu'on nommât la rue d'après cette table. » On jugera de la vraisemblance de cette hypothèse. Sur l'opinion de M. Foerster, voy. plus loin.

2. J'avais joint à ces trois mots *Ammaedara non Ametra*, restitution hypothétique de l'art. 157, dont l'édition Keil ne contenait que la forme signalée comme fautive *ametra* ; mais en fait le manuscrit porte *a..p... non ... tra*, ce qui rend mon hypothèse inadmissible.

Caput Africae : assurément; mais il y en avait de beaucoup d'autres pays, et ce serait un hasard merveilleux si notre document avait été rédigé à Rome par un Africain, qui y aurait inséré trois mots de la géographie de sa province, et qu'en même temps il contînt cette notice d'une « rue de l'Écurie du Proconsul » qui n'avait d'intérêt qu'à Carthage même. — Le *septizonium* de l'art. 13 peut bien être le célèbre monument construit à Rome par Septime Sévère; mais j'ai montré qu'il y avait plus anciennement des *septizonia* en Afrique et que c'est là sans doute que Sévère avait pris l'idée et le nom de son édifice romain. A côté de *septizonium* figure un article *chalcostegis* [1], qui est sans doute aussi le nom d'un monument, et qu'on devrait trouver à Rome si c'est à Rome qu'il s'élevait : si c'est un monument de Carthage, au contraire, rien d'étonnant à ce qu'il ne fût mentionné que dans notre texte [2].

Tout concourt donc à faire attribuer à Carthage et non à Rome le document dont il s'agit, tout, sauf le *vicus capitis Africae*. L'existence à Rome d'un *vicus* de ce nom suffit, d'après M. Foerster, pour que la localisation à Rome soit incontestable. J'avais dit : « Le *vicus capitis Africae* ne fait pas difficulté : il est naturel qu'à Carthage, chef-lieu de l'Afrique, il y ait eu, comme à Rome, une tête colossale de l'Afrique qui aura donné son nom à une rue. » Et j'avais fait remarquer que très probablement le *Caput Africae* du Caelius avait été érigé par Septime Sévère, qui transporta à Rome tant de souvenirs du pays où il était né et qu'il avait gouverné comme proconsul. Cela me paraît encore très soutenable [3], et j'ajouterai une remarque à

---

1. La forme de ce mot m'avait embarrassé; M. Bücheler pense qu'on peut admettre en grec χαλκοστεγίς, « forme correcte, choisie pour mettre en relief le genre féminin (comme dans κυνηγίς, αἰχμαλωτίς etc. à côté de -γός, τός); on peut sous-entendre *aedes, domus, porticus* ».

2. Il y a peut-être encore un trait africain dans l'article *Marsyas non Marsuas*; voyez l'intéressante remarque de M. Kübler.

3. M. Foerster, après avoir rejeté la conjecture de M. Ullmann sur le titre de proconsul pris par Septime Sévère (voy. ci-dessus), ajoute : « Mais aussi incertaine, sinon téméraire, est l'invention d'un *vicus capitis Africae*, d'un *septizonium* à Carthage. » Il me semble que, en présence des indices africains si assurés de notre texte, cette « invention », en soi naturelle, est tout à fait vraisemblable.

l'appui : le *vicus capitis Africae* se trouve dans notre texte en tête d'un petit groupe, visiblement de même origine, formé de quatre noms de rues : *vicus capitis Africae, vicus stabuli proconsulis, vicus castrorum, vicus strobili* [1]. Or nous connaissons un très grand nombre de noms de rues de Rome, mais aucun document ne mentionne un des trois derniers : ne serait-il pas bien surprenant, si notre recueil avait été rédigé à Rome, qu'il ne contînt pas — sauf le *vicus capitis Africae* — un nom de rue connu et qu'il en contînt trois inconnus ? Des rues de l'ancienne Carthage, au contraire, nous ne connaissons aucune par son nom : il est naturel de supposer que les quatre mentionnées ici s'y trouvaient [2].

Un dernier mot : M. Ullmann a montré, — ce qui d'ailleurs allait de soi, — que notre liste de fautes n'est pas entièrement originale, et qu'une partie notable s'en retrouve dans divers grammairiens, appartenant au groupe, encore assez mal connu des « Probus ». Mais il reste un résidu [3] tout à fait propre à notre texte et qui seul, par conséquent, peut servir à fixer le pays où a été rédigée cette petite compilation mal ordonnée. Le rédacteur serait, d'après MM. Ullmann et Foerster, un élève ou un maître du *paedagogium* du *Caput Africae* à Rome. Suivant moi, c'était un grammairien établi à Carthage, qui a corrigé, outre les fautes qu'il trouvait relevées dans des livres antérieurs, quelques fautes de graphie, de prononciation ou de flexion qu'il avait remarquées autour de lui. Ces fautes forment

---

1. A propos de ce dernier nom M. Bücheler pense qu'il faut voir dans le nom de la rue le nom propre connu *Strobilus* plutôt que *strobilus*, « pomme de pin ». L'un est aussi possible que l'autre.

2. Bien que j'aie admis la possibilité d'un *vicus castrorum* à Rome, je trouve ce nom plus vraisemblable à Carthage. — Je ne comprends pas que M. Foerster adopte, dans la forme corrigée, *vico castrae*, la proposition de M. Jordan de lire *castra* : *castra* sing. fém. est attesté, comme je l'ai remarqué, notamment en Afrique, par les inscriptions, et survit dans des noms de lieux français.

3. « Ein ganz kleiner Rest », dit M. Foerster. Il n'est pas si petit que cela. Il y aurait intérêt, même après les travaux de MM. Ulmann et Heraeus, de le séparer nettement des parties de la liste empruntées à des sources antérieures.

la partie de beaucoup la plus intéressante de son recueil. Mais si elles sont carthaginoises par le fait qu'elles ont été notées à Carthage et que parfois elles portent sur des mots spécialement africains, elles n'ont rien en elles-mêmes de particulièrement carthaginois ou africain : on aurait pu les trouver à peu près toutes à Rome ou dans d'autres provinces. L'intérêt de la localisation à Carthage de l'*Appendix Probi III* n'est pas de nous faire connaître un latin vulgaire propre à l'Afrique, mais de concourir, avec bien d'autres faits, à nous montrer que la graphie, la prononciation et la morphologie vulgaires, à l'époque où se place ce texte, étaient sensiblement les mêmes dans les diverses parties de l'empire romain.

[*Mélanges Boissier* (1903), p. 5-9.]

VERSION LATINE DE L'HEPTATEUQUE

[I]

Pentateuchi versio latina antiquissima e codice Lugdunensi. Version latine du Pentateuque antérieure à saint Jérôme, publiée d'après le manuscrit de Lyon, avec des fac-similés, des observations paléographiques, philologiques et littéraires, sur l'origine et la valeur de ce texte, par Ulysse Robert. Paris, Didot, 1881, in-4°, CXLII-331 pages.

En 1868 lord Ashburnham faisait reproduire à cent vingt exemplaires, distribués par lui à des amis, à des savants ou à des établissements scientifiques, un des plus précieux manuscrits de sa bibliothèque, une traduction faite sur le grec des Septante de deux livres du Pentateuque, le Lévitique et les Nombres. A cette belle publication, qui attira vivement l'attention du monde savant, était joint le fac-similé d'une des pages du manuscrit, qui permettait aux paléographes d'y reconnaître un des plus anciens spécimens de l'écriture dite onciale. La présence, sur le premier feuillet du Lévitique, de la mention *Explicit liber Exodus. Incipit Leviticum,* et sur le dernier feuillet des Nombres de la mention : *Explicit liber Numeri. Incipit Deuteronomium,* jointe à la circonstance que le manuscrit publié par lord Ashburnham était un de ceux qu'il avait achetés de Libri, firent soupçonner dès lors [1] que les cahiers contenant ces deux livres du Pentateuque avaient dû être arrachés à un manuscrit plus complet, qui se retrouverait peut-être quelque jour dans une de nos bibliothèques de province. Ce pressentiment ne tarda pas à être vérifié. En 1878, M. Léopold Delisle, exami-

---

1. Voyez *Revue critique d'histoire et de littérature,* 1870, t. I, p. 344 [article signé ψ].

nant à Lyon un manuscrit fort ancien et fort mutilé d'une version du Pentateuque antérieure à la Vulgate, remarqua que la plus grande lacune de ce volume comprenait précisément les deux livres entiers du Lévitique et des Nombres. La comparaison de l'écriture du manuscrit de Lyon avec le fac-similé du manuscrit d'Ashburnham-Place ne laissa aucun doute sur l'origine de ce dernier, qui n'était qu'un fragment du premier, enlevé par Libri entre l'année 1834, où un savant allemand, F. Fleck, vit encore à Lyon le Pentateuque avec le Lévitique et les Nombres, et l'année 1847, où Libri, alors haut fonctionnaire français, vendait à lord Ashburnham une collection de manuscrits formée en bonne partie des larcins qu'il avait commis dans nos bibliothèques en y faisant des tournées officielles. Pour déjouer les tentatives d'identification, il avait écrit sur le dernier feuillet des Nombres, qui porte l'*explicit* et l'*incipit* indiqués ci-dessus : *Est sancti Petri de Perusio.* Des mentions analogues et également trompeuses ont été ajoutées par lui à plusieurs des manuscrits qu'il avait soustraits aux bibliothèques françaises. Mais la démonstration de M. Delisle était si concluante qu'il n'y avait pas moyen de la contester. Lord Ashburnham, qui, le premier d'ailleurs, avait reconnu l'origine frauduleuse de plusieurs des manuscrits qu'il avait achetés de bonne foi, venait alors de mourir. Son fils, le comte d'Ashburnham actuel, tout en faisant constater que la loi lui donnait le droit absolu de garder le fragment enlevé du manuscrit de Lyon, crut devoir le restituer gracieusement, et M. Delisle, deux ans après sa visite à la bibliothèque de la ville de Lyon, avait le bonheur de rejoindre aux 64 feuillets subsistants du *Codex Lugdunensis,* qui en avait, à l'origine, contenu 244, les 101 feuillets qui, séparés violemment des autres, les avaient quittés après tant de siècles, et étaient restés pendant trente-trois ans au fond d'un manoir anglais. Dans cette histoire, où l'administration de nos bibliothèques se montre à la fois sous le jour le plus triste et le plus brillant, il ne faut pas oublier ce qu'on doit de reconnaissance aux deux comtes d'Ashburnham : au père, qui, en imprimant le fragment qu'il possédait, fit connaître l'importance de ce texte et prépara la découverte de M. Delisle; au fils, qui, une fois convaincu de l'origine du manuscrit que son père avait acheté, le rendit, en vrai gentilhomme, à l'établissement public auquel il avait été dérobé. Nous n'aurions pas eu autant de bonheur si le fragment de Lyon était tombé en d'autres mains.

Dès que M. Delisle eut constaté dans le manuscrit 54 de la bibliothèque municipale de Lyon l'existence de fragments considérables (car 79 feuillets manquent encore) du même Pentateuque latin dont on connaissait deux livres par la publication de lord Ashburnham, il songea à faire profiter les savants de sa découverte. Absorbé par d'autres travaux, il n'entreprit pas lui-même l'édition de ce précieux texte : il le confia à M. Ulysse Robert, l'un de ses auxiliaires les plus actifs à la Bibliothèque nationale. Il ne pouvait faire un meilleur choix : dans différents mémoires relatifs à l'histoire, à l'histoire littéraire et à la diplomatique, M. Robert avait fait preuve de qualités qui le désignaient pour cette tâche, et il s'en est aussi bien acquitté que possible. Voici l'économie de sa belle publication, qui, dans l'histoire de la Bible latine comme dans plusieurs autres branches d'études, occupera dorénavant une place de première importance. Les 64 feuillets qui, dans le manuscrit de Lyon, contiennent des fragments de la Genèse, de l'Exode et du Deutéronome, sont imprimés en reproduction figurée, sur trois colonnes comme dans le manuscrit, les onciales étant remplacées par des capitales ; on a jugé inutile de reproduire de même les 101 feuillets du Lévitique et des Nombres, dont la reproduction figurée a été donnée par lord Ashburnham. A cette partie du volume sont joints trois fac-similés à l'héliogravure, qui permettent de contrôler ce que dit l'éditeur des caractères paléographiques du manuscrit. Vient ensuite l'impression en texte ordinaire de tout ce que contient le manuscrit de Lyon, y compris le Lévitique et les Nombres ; cette impression est rigoureusement diplomatique, sauf que l'éditeur a ajouté la ponctuation, a introduit les lettres capitales où l'usage les demande, et a divisé le texte en chapitres et versets conformes à ceux de la Vulgate. En regard de ce texte est le grec des Septante, indispensable pour la lecture du latin ; M. Robert a choisi le texte de l'*Alexandrinus*, d'après l'édition de Breitinger, améliorée çà et là à l'aide de celle de Tischendorf. Nous reviendrons plus tard sur ce point : disons seulement ici qu'il eût peut-être mieux valu suivre en tout le texte de Tischendorf, en notant, d'après les divers manuscrits, les variantes qui devaient se retrouver dans l'original de notre version latine. Voilà ce qui constitue proprement le travail d'éditeur de M. Robert, et il est déjà très méritoire. Il ne demandait, il est vrai, que beaucoup de soin et d'attention ; mais ce sont là des qualités fort précieuses, et, quand elles atteignent un certain degré, fort rares. Ici elles nous paraissent ne laisser absolument rien à désirer : avec les fac-similés, le texte figuré et le texte ordinaire, on peut étudier le *Codex Lugdunensis*, à presque tous les points de vue, aussi sûrement et plus commodément que si l'on avait le manuscrit même sous les yeux. Mais l'éditeur ne s'en est pas tenu là, et, dans une introduction de cent quarante-deux pages, il a fourni bien d'autres secours au lecteur.

Cette introduction commence par l'indication des fragments de versions latines du Pentateuque, autres que la Vulgate, qui existent, ou qui du moins ont été publiés en dehors du manuscrit de Lyon. Ils se réduisent à peu de chose, et ne proviennent que de trois manuscrits, dont les débris sont conservés à Rome, à Wurzbourg et à Munich. Vient ensuite la description du manuscrit dans son état actuel, puis (pp. VIII-XLI) l' « examen paléographique » de ce manuscrit. Cet examen est un travail admirable de patience et de rigueur. Chaque lettre est étudiée à part dans sa forme, dans ses liaisons possibles avec d'autres, dans les abréviations dont elle est susceptible ; la division en paragraphes et la ponctuation sont ensuite examinées ; puis viennent les additions et corrections de première main, et enfin, sous le titre de « Particularités paléographiques », nous trouvons un relevé minutieux, page par page, souvent ligne par ligne, de tout ce qui, à un titre quelconque, appelle l'attention, au point de vue matériel, dans les 165 feuillets du *Codex Lugdunensis*. Il résulte de cet examen que le manuscrit est de plusieurs écritures, dont la première est la plus belle et la plus soignée, mais qui sont toutes contemporaines et appartiennent à l'onciale la plus caractérisée. M. Robert, ici comme ailleurs, montre, au moment de tirer les conclusions des faits qu'il a consciencieusement rassemblés, une grande modestie et une grande prudence ; il croit cependant pouvoir se rattacher à l'opinion de M. Delisle, qui attribue le *Codex Lugdunensis* au VIᵉ siècle. Quant au lieu où il a été exécuté, notre science paléographique n'est pas encore assez avancée pour qu'on puisse émettre même une conjecture. Il est à espérer que d'ici à peu de temps cette science fera de rapides progrès. L'attention est vivement appelée, par diverses circonstances, sur les manuscrits en onciale : il est temps de réunir, de comparer et de classer ceux qui nous sont parvenus; quelques-uns d'entre eux présentant des dates certaines de temps et de lieu, on arrivera sans doute à des résultats assurés. Nous aurions vu avec plaisir M. Robert, qui donne des preuves si solides de sa compétence paléographique, indiquer au moins quelques rapprochements entre son manuscrit et d'autres. Il s'en est complètement abstenu; mais il apporte une besogne toute préparée à celui qui entreprendra ce travail comparatif.

L'examen paléographique montre, en outre, que le texte a été, au viie ou au viiie siècle [1], l'objet d'une double revision [2], dont la première s'est bornée à corriger un petit nombre des fautes des scribes, mais dont la seconde a un but particulier et fort intéressant : on a rapproché le texte primitif de la version de saint Jérôme par l'addition, la suppression ou le changement de certains mots. On voit par là que l'église qui possédait le manuscrit a essayé de le défendre contre la redoutable concurrence de la traduction nouvelle, de façon à ce qu'il ne devînt pas tout à fait hors d'usage; mais la différence des deux versions était trop grande pour qu'une pareille tentative réussît. Nous disons l'église, et non le possesseur du manuscrit; car une circonstance spéciale nous montre que ce manuscrit appartenait bien à une église. Une main du viiie siècle a inscrit en marge, de temps en temps, les mots *Incipit*, *Finit*, ou, plus rarement, *Sali* [3] ; une autre a ajouté en deux endroits : *Legenda in vigiliis Epephanie*, *Legenda in vigiliis Epifanie*. Le manuscrit servait donc à des lectures ou *leçons* faites à l'assemblée des fidèles

---

1. C'est la date que donne M. Robert dans les « conclusions » de son Introduction. Dans l'examen paléographique, il ne la précise pas.

2. M. Robert ne s'explique pas très clairement sur ce qui appartient à chacune d'elles. On voit dans son examen apparaître d'abord « le reviseur, » puis « le deuxième reviseur », sans qu'ils soient nettement distingués.

3. On trouve aussi *L.*, *Lege* ou *Lectio*, *Liccio* (d'une main plus récente). Les indications de ce genre sont souvent accompagnées des mots *Tempore illo*, qu'on ajoutait au commencement du fragment qu'on détachait pour le lire.

(plutôt, comme l'a remarqué M. l'abbé Misset [1], qu'à des offices proprement dits), et quelques morceaux avaient été indiqués comme se prêtant particulièrement à des lectures détachées, tandis que certains passages avaient été signalés comme devant plutôt être omis [2]. Cette circonstance est précieuse en ce qu'elle nous montre, dans le Pentateuque de Lyon, un texte qui, au moins pendant un certain temps, a dû faire autorité dans une église chrétienne et servir à la connaissance de la partie correspondante de la Bible.

L' « examen paléographique » est suivi d'un « examen orthographique et grammatical », qui n'occupe pas moins de quarante-quatre pages (XLI-LXXXV). M. Robert y relève avec l'exactitude que nous avons déjà louée tout ce que son manuscrit présente d'insolite au point de vue de l'orthographe [3] et de la grammaire [4]. L'auteur de cet utile travail se refuse à lui-même, avec la modestie que nous avons déjà signalée, la compétence spéciale en ces matières. Il est vrai qu'un grammairien de profession aurait peut-être disposé un peu autrement les matériaux recueillis avec tant de soin [5] ; mais l'essentiel est qu'on trouve ici, rangés de façon à pouvoir être facilement reconnus, tous les faits qui, dans le *Codex Lugdunensis*, intéressent la grammaire.

---

1. *Les Lettres chrétiennes*, 1881, p. 454.

2. M. Misset (*loc. cit.*) a remarqué que les passages où se trouve cette dernière indication étaient, en général, de nature à éveiller des scrupules de pudeur; mais cette explication ne convient guère pour le premier *Sali* (p. 1 a 5), et ne convient pas du tout pour le quatrième (p. 37 c 7).

3. Voyelles, consonnes, noms propres.

4. Noms : genre, nombre, cas, déclinaisons, particularités diverses; — adjectifs : déclinaisons, genre, nombre, cas, régime, comparatif; — pronoms : pronoms personnels : nombre, cas; pronoms adjectifs possessifs : genre, nombre, cas; pronoms adjectifs relatifs : genre, nombre, cas; — verbes : conjugaisons, particularités diverses, personnes, temps, sujet, régime, accord des participes; — adverbes : locutions adverbiales; — prépositions, locutions prépositives; — conjonctions.

5. Pour la partie orthographique notamment, il y aurait eu de sérieux avantages à tenir compte de la valeur réelle des caractères et non exclusivement de leur nature (à distinguer par exemple les voyelles longues et brèves), et aussi à suivre des guides plus sûrs pour la détermination de la forme normale des mots.

Après ce long dépouillement, l'éditeur relève les principaux exemples d'hellénisme, c'est-à-dire les cas où des formes et des constructions incorrectes en latin s'expliquent comme étant dues au calque servile du texte grec que le traducteur avait sous les yeux. Ces cas sont extrêmement nombreux, et quelques-uns tout à fait étranges; ainsi, lorsqu'un adjectif grec a la même forme au féminin et au masculin, il arrive au traducteur de mettre l'adjectif latin au masculin, quand même il se rapporte à un substantif féminin; *Lev.* XII, 2, on lit cette énormité : *Mulier quaecunque..... pepererit..... immundus erit*, parce qu'il y a dans le grec : Γυνὴ ἀκάθαρτος ἔσται. D'autres fois, le substantif grec étant d'un genre et le substantif latin qui le traduit d'un autre, le traducteur laisse à l'adjectif qui qualifie ce dernier le genre qu'il avait en grec; ainsi *Ex.* XXXVII, 15 : *Capita earum inargentatae* (αἱ κεφαλίδες αὐτῶν περιηργυρωμέναι); ou bien, l'adjectif précédant cette fois le substantif, *Ex.* XXXVI, 23 : *in utrasque initia* (ἐπ ἀμφοτέρας τὰς ἀρχάς). On voit combien un pareil état de choses doit rendre circonspect pour apprécier les particularités grammaticales du texte : quand on trouve par exemple, *Ex.* XXIX, 27 [1], *brachium..... qui divisus est*, on est tenté de voir là la trace du passage de *brachium* au masculin; mais si l'on rapproche le grec τὸν βραχίονα... ὃς ἀφώρισται, on s'aperçoit que cette conclusion serait fort hasardée. M. Robert a très judicieusement insisté sur cette considération, que des savants distingués, comme M. Hermann Rönsch, ont trop souvent perdue de vue : « A côté de l'influence du latin populaire, dit-il (p. LXXIX), qu'il serait aussi injuste de méconnaître que d'accepter sans restriction, il faut voir aussi les résultats d'une imitation inintelligente du grec..... Ainsi peuvent s'expliquer quelques-unes des fautes qui ont été signalées dans la grammaire. » C'est surtout dans la syntaxe que cette influence est prépondérante. Au reste, ainsi que nous le dirons plus tard, la présence de faits comme ceux dont il vient d'être donné des exemples suggère, sur la forme première de la traduction, une hypothèse qui, du moins au point de vue de la syntaxe, lui enlève toute valeur linguistique.

---

1. P. 182, 27, et non p. 183, comme il est imprimé par erreur p. LXXX.

Le paragraphe suivant (p. LXXXV-CXXIII) est consacré à la comparaison de la version latine avec le grec. Dans un relevé qui ne laisse rien à désirer pour l'exactitude, l'éditeur signale toutes les différences qui existent entre le texte du *Lugdunensis* et une version littérale et correcte de l'*Alexandrinus*. Ces différences sont nombreuses : on remarque des contresens, des non-sens, des solécismes et des barbarismes. M. Robert essaye d'abord, mais en avouant qu'on ne peut y réussir complètement, de faire la part des fautes du copiste (ou de ses prédécesseurs) et des fautes qui étaient déjà dans l'original. Celles-ci mêmes doivent-elles toutes être imputées à l'ignorance du traducteur [1]. Nous remarquons souvent qu'un mot grec est pris pour un autre qui lui ressemble, et traduit sans aucun souci du sens, et de façon à donner le résultat le plus absurde : ainsi, *Gen.* XXVII, 39, ἀπὸ τῆς πιότητος τῆς γῆς est rendu par *a potu terrae*, par confusion de πιότητος avec ποτῆτος ; *Lev.* VI, 17, οὐ περθήσεται ἐξυμωμένη est rendu par *non mittetur condita* pour *non coquetur*, par confusion de περθήσεται avec πεμφθήσεται ; *Num.* XVIII, 8, δέδωκα αὐτὰ εἰς γέρας est rendu par *dedi ea in senectute* pour *in mercedem*, par confusion de γέρας avec γῆρας ; *Num.* XIX, 16, ὃς ἂν ἅψηται ἐπὶ προσώπου τοῦ πεδίου est rendu par *qui tetigerit faciem pueri* pour *campi*, par confusion de παιδίου avec πεδίου ; *Deuter.* II, 4, διὰ τῶν ὁρίων τῶν ἀδελφῶν ὑμῶν est rendu par *per montes fratrum vestrorum* au lieu de *per fines*, par confusion de ὁρίων avec ὀρέων, etc. M. Robert se demande si la responsabilité de ces fautes ne remonte pas plus haut que notre traducteur : divers témoignages nous apprennent que les manuscrits de la version des Septante répandus dans le monde chrétien à l'époque de saint Jérôme, étaient souvent très fautifs, et les plus anciens qui nous soient parvenus ne sont nullement exempts d'erreurs : ποτῆτος, πεμφθήσεται, γῆρας, παιδίου, ὀρέων, etc., ne peuvent-ils s'être trouvés dans le manuscrit que suivait le traducteur latin [2] ? Il n'aura montré alors qu'une inintelligente servilité ; mais d'autres exemples prouvent qu'il n'avait pas du grec une

---

1. P. 134 et non 135, comme il est dit à la page LXXXXI.

2. La faute παιδίου se trouve en effet dans plusieurs manuscrits grecs. (Voy. Ziegler, *Die lateinischen Bibelübersetzungen vor Hieronymus*, p. 119.)

connaissance très solide, et permettent de lui attribuer plus de bévues qu'on n'y serait rigoureusement obligé. Le manuscrit grec qu'il suivait ne séparant pas les mots, il a compris, *Gen.* XXVII, 17, κατὰ λίθον pour κατάλιθον et traduit *adversus lapidem* au lieu de *lapidarem*; *Lev.* II, 12, ἀπ'ἀρχῆς pour ἀπαρχῆς et traduit *ab initio* au lieu de *primitiarum*; *Deuter.* I, 1, κατὰ χρύσεα pour Καταχρύσεα (nom propre), et traduit *secundum aurea*, etc. Quand un mot a deux sens, il ne sait pas toujours choisir le bon : *Num.* XIII, 21, γῆ πίων, *terra pinguis*, est traduit par *terra bibula*; il est vrai que πίων peut être le participe aoriste de πίνειν, mais le sens veut l'adjectif πίων, et d'ailleurs le participe féminin serait πιοῦσα; *Lev.* II, 4, il s'agit de l'offrande d'un gâteau cuit au four, πεπεμμένην ἐκ κλιβάνου : il est vrai que πεπεμμένος peut être le participe de πέμπω aussi bien que de πέσσω, mais le sens devait empêcher de traduire *missum de furno*, etc. Ainsi le traducteur n'était ni très intelligent, ni très attentif, ni très bon helléniste; mais, en outre, il avait sous les yeux un manuscrit grec qui, sans doute, contenait déjà bien des leçons fautives, qu'il a souvent tranquillement traduites, quand même elles détruisaient complètement le sens d'un passage.

Ce manuscrit grec ne différait pas seulement par des fautes des autres manuscrits des Septante que nous connaissons. M. Robert, après la comparaison que nous avons indiquée ci-dessus, est arrivé à conclure que ce manuscrit n'était ni de la famille de l'*Alexandrinus*, ni de celle du *Vaticanus*. Il se rapproche un peu plus du premier, surtout pour la forme des noms propres; mais une différence notable avec l'un comme avec l'autre est dans les additions assez nombreuses qu'il présente. M. Robert les a relevées, et il a montré que quelques-unes (dont une fort importante, *Ex.* II, 22) se retrouvent soit dans d'autres manuscrits grecs, soit dans des citations faites par les Pères d'autres versions latines, soit enfin, ce qui est plus intéressant, dans la Vulgate. On voit la conséquence de cette constatation; notre manuscrit peut servir à la critique du texte des Septante, et par là, bien qu'indirectement et de loin, à la restitution du texte hébreu sur lequel a été faite cette traduction, et par conséquent de l'original même du Pentateuque.

Après une liste (pp. CXXIII-CXXV) des « mots nouveaux ou

rares » du *Codex Lugdunensis*, sur laquelle nous reviendrons, et qui aurait été mieux placée à la suite de l'examen grammatical [1], vient, dans l'introduction de M. Robert, un paragraphe intéressant sur « l'origine de la version du *Codex Lugdunensis* ». M. Robert croit que cette version a été composée en Afrique, et il donne, à l'appui de son opinion, une liste de mots qui se trouvent dans le Pentateuque de Lyon, et qui, « pour la plupart, « appartiennent à des écrivains » de la région africaine, « n'ap- « partiennent qu'à eux, ou dont la priorité leur revient ». Nous retrouverons plus loin cette question, sur laquelle M. Robert a rencontré des contradicteurs. Disons tout de suite que, dans le paragraphe suivant de son introduction, il enlève à son opinion un appui que lui fournissait M. Reusch, en prouvant, contre ce savant théologien, que saint Cyprien n'a pas eu connaissance de la version du *Codex Lugdunensis*.

Le paragraphe suivant (pp. CXXVIII-CXLI), intitulé « le « *Codex Lugdunensis* et ses rapports, » est d'une grande importance. M. Robert recherche d'abord quels sont ceux des Pères de l'Église latine qui ont connu et cité notre version du Pentateuque ; tout en constatant que les textes de la plupart d'entre eux ne sont pas encore assez bien constitués pour offrir une base solide à la critique, il relève des passages textuellement identiques au manuscrit de Lyon [2], notamment dans Lucifer de Cagliari, Rufin, saint Ambroise, saint Augustin ; d'autres très semblables surtout dans saint Ambroise et saint Augustin. Il combat, nous l'avons dit, l'opinion de M. Reusch relative à saint Cyprien ; et, de ce qu'un évêque de Carthage n'a pas dû ignorer une version composée en Afrique, il conclut qu'elle a été faite postérieurement à sa mort : il y a là, on le voit, une certaine pétition de principe. Saint Augustin a-t-il connu notre version ? On l'a contesté à propos de la publication de lord Ashburnham [3] : les arguments qu'on a produits ont paru à

---

1. A vrai dire, nous aurions été heureux que M. Robert eût joint à son livre un index complet des mots du texte, avec leurs correspondants grecs.

2. M. Robert a puisé les éléments de ce travail dans le livre de Sabatier ; il est probable que des recherches nouvelles donneraient des résultats plus abondants et aussi plus assurés.

3. *Revue critique*, loc. cit.

M. Robert décisifs pour établir que l'évêque d'Hippone ne se servait pas *de préférence* de notre version, mais non pour prouver qu'il ne la connaissait pas. Il convient que, vu la grande littéralité de la plupart des versions latines faites sur le grec des Septante, des similitudes plus ou moins complètes dans la traduction de tel ou tel passage ne prouvent pas grand'chose ; mais il regarde comme probants un certain nombre d'endroits où saint Augustin, donnant une manière de traduire tel ou tel passage du grec, cite d'autres traductions pour les rejeter, et souvent parmi elles celle que nous trouvons dans le *Codex Lugdunensis*. Mais la preuve est insuffisante. Dans tous ces endroits, saint Augustin dit non pas que l'expression alléguée se trouve dans *une* version latine, mais qu'elle se trouve dans toutes (*latinus interpres* [1], *latini interpretes nostri*) ou plusieurs (*nonnulli, quidam interpretes nostri, nonnulli interpretes nostri*) : il n'est pas prouvé que la nôtre fût du nombre de celles qu'il avait consultées, et ce qui a été dit plus haut sur l'identité nécessairement fréquente de traductions littérales trouve également ici son application [2]. Au contraire, si saint Augustin a connu notre version, il est bien difficile d'expliquer les passages qui ont été cités pour prouver qu'il ne l'avait pas sous les yeux. Nous ne rappellerons que le plus frappant. *Lev.* IX, 24, le texte grec dit que le peuple ἴδε καὶ ἐξέστη. Saint Augustin rend ce passage par : *Vidit populus et amens factus est*, et ajoute : *Alii interpretes dixerunt « expavit », conantes transferre de graeco quod dictum est* ἐξέστη, *unde* ἔκστασις *dicitur qui saepe in scripturis latinis legitur « mentis excessus »*. Il résulte de ce passage : 1° que la version suivie par saint Augustin donnait *amens factus est* ; 2° que d'autres versions qu'il avait consultées ou qu'il avait sous les yeux portaient

---

1. Cette expression n'indique pas toujours nécessairement tous les traducteurs. Il arrive à saint Augustin, après avoir rappelé des traductions différentes en latin d'un même passage, d'attribuer ensuite l'une d'elles, sans commentaires, à *Latinus interpres* (voy. Ziegler, *op. cit.*, p. 9) ; mais ce procédé abréviatif est exceptionnel.

2. Ainsi Augustin lisait, *Lev.* XXV, 23, βεβήλωσιν au lieu de βεβαίωσιν, et il explique par une faute des manuscrits grecs le *confirmationem* de plusieurs textes latins. Ce *confirmationem* est aussi dans notre manuscrit, mais il ne saurait rien prouver.

expavit. Or le texte de Lyon a *obstipuit* : si saint Augustin avait connu cette nouvelle façon de rendre ἐξέστη, il l'aurait sans doute mentionnée avec les autres. Voici une preuve inverse et, à notre avis, encore plus forte. *Lev.* IX, 1, il est dit dans le grec que Moïse ἐκάλεσε...τὴν γερουσίαν Ἰσραήλ ; saint Augustin, citant ce passage, dit : *Senatum Israel*, et ajoute : *Quem quidam nostri « senatum » interpretati sunt, γερουσίαν Graecus habet ; hoc est ergo secutus interpres, quia et « senatus » a senio videtur dictus..... Quidam insolenter putantes etiam « senatum » dici interpretati sunt « ordinem seniorum » ; compendio tamen forsitan melius diceretur : « vocavit seniores Israel »*. Ainsi saint Augustin connaissait de γερουσίαν deux traductions dont aucune ne le satisfaisait, *senatum* et *ordinem seniorum*, et il en proposait personnellement une troisième, *seniores* tout simplement. Or c'est précisément celle que donne le *Codex Lugdunensis : vocavit..... seniores Israhel*. Il est inadmissible que saint Augustin ait eu sous les yeux cette façon de rendre γερουσίαν, et ait feint de ne pas la connaître pour la proposer comme de lui. On peut donc regarder comme certain que saint Augustin, qui avait évidemment rassemblé beaucoup d'anciennes versions latines de la Bible et se plaisait à les comparer, ne possédait pas dans le nombre celle que nous a conservée le manuscrit de Lyon. Il serait fort téméraire d'en conclure qu'elle n'existait pas lors de sa mort (430) ; car, si les versions antérieures à saint Jérôme ne disparurent pas tout de suite quand il eut publié la sienne, il est à croire du moins qu'on n'en fit plus de nouvelles. D'ailleurs saint Ambroise paraît bien s'être servi de notre traduction, et M. Robert pense que Lucifer de Cagliari, mort en 370, la connaissait. Il est probable qu'elle remontait plus haut encore, et rien n'empêche de la supposer faite au IIIe siècle.

Après les ouvrages des Pères, M. Robert examine les fragments du Pentateuque latin, antérieurs à la Vulgate, que nous ont conservés les manuscrits de Munich, du Vatican et de Wurzbourg, qui ont été récemment publiés. Voici le jugement dont il fait précéder le tableau synoptique, dressé avec beaucoup de soin, des passages communs : « Le *Codex Lugdunensis* dif- « fère assez sensiblement du *Codex Wirceburgensis*, qui s'en « rapproche le plus ; ces deux versions n'ont que des rapports « éloignés avec le *Codex Vaticanus* ; le *Codex Monacensis* paraît

« n'avoir.... que de rares points de coïncidence avec les autres
« fragments. » Ce jugement est un peu trop sommaire, et nous
aurions voulu que le savant éditeur entrât plus dans les détails.
Nous sommes particulièrement surpris qu'il n'ait rien dit de
l'opinion d'un critique dont il fait avec raison le plus grand cas,
et qui est ici directement opposée à la sienne. M. Ziegler
déclare [1] que les fragments du livre des Nombres qui se trouvent
dans le manuscrit palimpseste de Munich dont il a annoncé la
publication appartiennent à la traduction que nous a conservée
le manuscrit Ashburnham (ou de Lyon). « La concordance,
dit-il, est indubitable, et s'étend même à des erreurs de scribe
« (ainsi *Num.* XXXI, 15, les deux manuscrits ont *viduas cepis-*
« *tis* pour *vivas cepistis*, ἐζωγρήσατε; *Num.* XII, 8, tous deux
« lisent *loquar et* au lieu de *loquar ei*). Les omissions causées par
« la répétition d'un même mot sont aussi plus d'une fois com-
« munes aux deux textes. » A l'appui de son assertion,
M. Ziegler a imprimé deux fragments du manuscrit de Munich
en regard de passages correspondants du manuscrit Ashburnham, et l'accord des deux textes en ressort en effet d'une
manière éclatante. Comment M. Robert, qui a relevé les
variantes de ces fragments dans les deux textes, n'a-t-il pas dit
un mot de l'identité affirmée par M. Ziegler, et s'est-il borné à
signaler les divergences qui existent entre le *Lugdunensis* et le
Monacensis dans les très courts extraits de celui-ci qu'a donnés
M. Ziegler pour l'Exode et le Lévitique ? Il semble avoir pensé
que ces divergences suffisaient pour exclure l'hypothèse d'une
traduction identique ; mais chacun des livres du Pentateuque
peut fort bien avoir été traduit isolément, ou le texte d'un
manuscrit peut avoir été puisé, pour chaque livre, dans des
traductions différentes. Il est très intéressant d'avoir, dans le
manuscrit de Lyon et le palimpseste de Munich, deux exemplaires d'une même traduction des Nombres, et il faut souhai-
ter que M. Ziegler nous donne bientôt ce qui s'est conservé de
ce palimpseste [2]. Nous verrons, en le comparant au manuscrit

---

1. *Die lateinischen Bibelübersetzungen*, p. 121.

2. Depuis que cet article a été écrit, nous avons eu connaissance de la
publication qu'en a faite tout récemment M. Ziegler; nous en tiendrons
compte en revoyant le second article que nous avons consacré au livre de
M. Robert.

de Lyon, jusqu'où allaient les altérations des scribes, et, s'il est vrai que ces deux manuscrits, l'un et l'autre au moins du VIᵉ siècle, aient déjà des fautes communes, nous nous ferons une idée de leur original. D'autre part, le fait que la version des Nombres du manuscrit de Lyon se retrouve dans un autre manuscrit prouve qu'elle jouissait d'une certaine autorité et rehausse par conséquent l'intérêt de ce texte. Nous aurions voulu aussi que M. Robert essayât de préciser un peu plus le rapport de son manuscrit avec celui de Wurzbourg : au premier abord, on est frappé de la ressemblance qui existe entre eux, et l'on est tenté de n'y voir que des copies du même texte, dont l'une ou l'autre, ou peut-être l'une et l'autre auraient subi, sans parler des altérations habituelles des copistes, une ou plusieurs revisions, destinées, soit à améliorer la latinité, soit à rapprocher la version latine d'un manuscrit grec autre que celui sur lequel elle avait été faite. Mais, d'autre part, des divergences nombreuses semblent s'opposer à cette hypothèse. La question demande à être examinée de fort près, en comparant aux deux textes latins les différentes versions du texte grec. Quoi qu'il en soit de ces deux points particuliers, il est impossible de ne pas approuver les paroles par lesquelles M. Robert fait précéder son tableau comparatif des divers fragments de versions latines du Pentateuque qui nous sont parvenues. « Sous sa forme « aride, dit-il, ce tableau est plus éloquent que toutes les dis-« sertations sur la multiplicité des anciennes versions de la « Bible. » Bien que certains critiques se soient obstinés jusqu'à ces derniers temps à soutenir, contre l'affirmation expresse de saint Augustin, qu'il n'y avait qu'une traduction latine de la Bible avant saint Jérôme, le recueil fait par Sabatier, au dernier siècle, des citations bibliques des Pères, aurait suffi à confirmer le dire de l'évêque d'Hippone. En ce qui concerne le Pentateuque, la publication de lord Ashburnham, rapprochée de ce recueil, avait déjà mis le même fait en pleine lumière ; les fragments découverts à Rome, à Wurzbourg et à Munich, ainsi que la connaissance du *Codex Lugdunensis* dans son entier, ne peuvent plus laisser l'ombre d'un doute. Pour hésiter encore, après les raisonnements de M. Ziegler et la démonstration palpable qu'a donnée M. Robert, il faut un singulier manque de critique ou une de ces préventions aveugles que rien ne peut dissiper.

Là s'arrête le beau travail de M. Robert. Il le résume en quelques lignes que voici : « La traduction contenue dans le « *Codex Lugdunensis* est à peu près sûrement d'origine africaine « et semble remonter à la dernière moitié du iiie siècle et être « antérieure à la fin du ive; elle a été faite sur une ver- « sion grecque (*lisez* sur une recension du texte des Septante) « qui diffère assez de celle du *Codex Vaticanus* et du *Codex* « *Alexandrinus*. Elle n'est pas la version nommée par saint « Augustin *Itala*; elle a dû être connue de quelques-uns « des premiers Pères et de plusieurs écrivains chrétiens. » Ces conclusions ne sont pas toutes également assurées. Nous aurons lieu d'éprouver la solidité de l'une ou de l'autre en présentant, dans la seconde partie de ce compte rendu, quelques observations sur les anciennes versions de la Bible et particulièrement sur le Pentateuque de Lyon.

****

C'est un événement qui sollicite à bon droit la curiosité de l'érudit et la réflexion du philosophe que la façon dont la Bible hébraïque [1], par le véhicule de la langue latine, a pénétré dans le monde occidental. Ce n'est point par les juifs qu'elle y fut introduite : l'acte vraiment mémorable de la traduction des livres hébreux en grec, à Alexandrie, qui avait été une des conséquences les plus remarquables de l'hellénisation de l'Orient, ne se renouvela pas pour le latin. Les juifs si nombreux à Rome dès le temps d'Auguste étaient des juifs hellénisés : s'ils lisaient la loi et les prophètes, c'était en grec, et les convertis qu'ils faisaient appartenaient à ce monde grec ou semi-grec qui était peut-être à Rome presque aussi abondant que le peuple purement latin. Ce fut dans ce monde que le christianisme, sortant des synagogues hellénistes, fit aussi ses premières conquêtes; il a gardé dans la plupart des termes les plus essentiels de son culte (*baptême, évangile, église*) et de sa hiérarchie (*évêque, prêtre, diacre, clerc*) les marques indélébiles de son premier âge.

---

1. Nous ne nous occupons ici que de l'Ancien Testament; le Nouveau soulève des questions assez différentes.

Bientôt cependant il recruta, à Rome et dans les provinces, des prosélytes qui n'entendaient pas ou qui entendaient mal le grec. On traduisit pour leur usage d'abord sans doute le Nouveau Testament, puis, la doctrine s'étant établie que l'Ancien en était l'introduction et le symbole, les livres mêmes des juifs. A l'époque où ce besoin se fit sentir, tout contact s'était rompu, dans le monde parlant latin, entre les juifs et les chrétiens. Aucun des Pères de l'Église latine, jusqu'à saint Jérôme, ne semble avoir su l'hébreu, ni s'être soucié de l'apprendre. L'idée de critique était d'ailleurs si étrangère aux esprits qu'on ne songea même pas, en général, à comparer les différentes versions grecques ni à profiter, quand ils furent accomplis, des grands travaux bibliques des Alexandrins. On n'essaya pas non plus de rédiger une traduction officielle, qui pût faire autorité pour tous les fidèles. La plus grande légèreté, s'il faut en croire un passage de saint Augustin bien souvent cité, présida à ce mouvement de traduction : « Aux premiers temps de la foi, dit-il, le premier « venu, s'il lui tombait dans les mains un texte grec et qu'il « crût avoir quelque connaissance de l'une et de l'autre « langue, se permettait de le traduire [1]. » Que faut-il entendre par ces « premiers temps » ? A nous en tenir à l'Ancien Testament, il ne faut pas sans doute remonter au delà du second siècle : ce ne fut qu'alors que l'Église latine compta en majeure partie des membres dont le latin était la langue familière et qu'elle eut perdu toute connaissance de l'hébreu. A la fin du IVe siècle, quand saint Jérôme se décida à composer d'après l'hébreu, avec l'aide de quelques juifs, cette version qui devait être la Vulgate, le nombre et le désaccord des traductions latines faites d'après les Septante étaient devenus un embarras considérable dans une Église où la connaissance de l'hébreu n'existait pas et où celle du grec allait se perdant tous les jours. « On « peut compter, dit saint Augustin, ceux qui ont traduit les « Écritures de l'hébreu en grec, mais non ceux qui les ont « mises (du grec) en latin [2]. » « Si l'on veut que les textes « latins fassent autorité, dit saint Jérôme, qu'on me dise les- « quels : car il y en a à peu près autant que d'exemplaires [3]. »

---

1. *De Doctrina christiana*, II, 11.
2. *Loc. cit.*
3. *Præfatio in Evangelia ad Damasum papam.*

On voit notamment par les commentaires de saint Augustin dans quelle incertitude il lui arrivait souvent à lui-même de se trouver : le grec, que d'ailleurs il ne possédait que médiocrement, ne suffisait pas à le tirer d'affaire; car, sans parler des versions autres que celle des Septante, les manuscrits de celle-ci présentaient les divergences les plus graves. Quant aux fidèles qui ne savaient pas le grec, ils acceptaient la leçon d'un manuscrit quelconque, ou cherchaient en vain, en comparant des variantes souvent également fautives, à retrouver le sens de l'original. C'est sur une Bible aussi incertaine qu'a vécu pendant trois siècles l'Église d'Occident. Toutes ces versions indépendantes avaient sans doute été plus d'une fois revues et corrigées l'une sur l'autre, ce qui, loin de diminuer la confusion, devait l'augmenter encore. Saint Augustin, qui en avait d'ordinaire plusieurs sous les yeux, en désigne cependant comme supérieure aux autres une qu'il appelle « la version italienne » : *In ipsis interpretationibus*, dit-il, *Itala ceteris præferatur ; nam est verborum tenacior cum perspicuitate sententiæ* [1]. Cette phrase a donné lieu à bien des erreurs, qu'on peut regarder aujourd'hui comme dissipées. Pendant longtemps on a voulu rapporter à l'*Itala* tous les fragments qu'on découvrait de versions latines de la Bible antérieures à saint Jérôme. Les derniers critiques, M. Ziegler surtout, et après lui M. Robert, ont fait justice de cette illusion. Parmi les fragments qui nous sont parvenus, il en est peut-être qui appartiennent à cette *Itala*; mais il nous en est parvenu de bien des versions différentes, et ce que dit saint Augustin est forcément trop peu caractéristique pour qu'on puisse avec sûreté désigner parmi eux ceux qui justifient son éloge. Ce n'est pas en tout cas le Pentateuque de Lyon, même en le supposant plus correct que nous ne l'avons, qui a jamais pu le mériter : les mots y sont bien conservés (quand ils sont compris), mais la phrase est loin d'y être toujours claire, et cette traduction rentre évidemment dans la classe de celles que le même écrivain blâme comme étant trop littérales, tandis que d'autres, d'après lui, étaient trop libres (nous n'avons pas de spécimens de celles-ci). On s'est aussi obstiné à vouloir, quelque

---

1. *De Doctr. christ.*, II, 15.

étrange que cela paraisse, que l'*Itala* ait été composée en
Afrique. Il est bien clair, au contraire, que, si ce nom d'*Itala*
a été donné à cette traduction en Afrique (et peut-être dans
d'autres provinces), c'est précisément parce qu'elle était étrangère
au pays, qu'elle venait d'Italie. Elle n'avait pas dû être composée à Rome, car on l'aurait appelée *Romana* : elle était née
dans quelqu'une des communautés chrétiennes de ce qu'on
appelait au sens propre l'Italie, c'est-à-dire la partie de la péninsule située entre la Gaule cisalpine et la Sicile [1].

Notre version du Pentateuque n'est donc pas l'*Itala*. Est-ce à
dire qu'elle ait été faite en Afrique ? De prime abord, rien ne
nous engage à l'admettre ; car ni Tertullien ni Cyprien ne l'ont
connue, et, quand même saint Augustin l'aurait eue dans sa
bibliothèque, cela ne prouverait absolument rien : l'usage que
paraissent en avoir fait Lucifer et saint Ambroise ne prouve pas
non plus qu'elle fût originaire de la Sardaigne ou de l'une des
Gaules. Nous devons donc l'étudier en elle-même pour voir si
elle porte des traces d'une origine africaine, ou autrement
d'une origine locale. Nous avons d'abord à examiner le manuscrit, en ne laissant à l'auteur que ce qui ne peut être attribué
au copiste ; puis nous verrons ce qu'on peut tirer de la langue
elle-même pour la solution du problème. Il va sans dire que les
deux questions ne sont pas absolument connexes : si le manuscrit était africain, à la vérité, il y aurait bien des chances pour
que le texte le fût aussi ; mais la réciproque n'est pas vraie : une
version faite en Afrique, pays où la littérature chrétienne a eu
longtemps son foyer le plus actif, a fort bien pu être copiée
ailleurs.

Nous avons vu précédemment que M. Robert ne se prononce
qu'avec réserve sur la date du manuscrit de Lyon. Nous sommes
tenu à plus de circonspection encore que lui ; nous dirons
cependant que les paléographes les plus compétents ne voient
aucune objection à faire remonter le *Codex Lugdunensis* jusqu'au
ve siècle [2]. Nous serions porté à accepter cette date : il semble

---

1. Ces remarques avaient déjà été présentées, en ce qu'elles ont d'essentiel, dans le compte rendu de la publication de lord Ashburnham, rappelé
dans notre premier article.

2. Ce n'est pas l'opinion de M. Ziegler, qui, encore dans son dernier écrit,

qu'au viᵉ siècle on n'a guère dû copier, surtout d'une façon aussi coûteuse, une version antérieure à la Vulgate, qui avait alors pénétré partout. Son triomphe, on le sait, n'eut pas lieu sans résistance ; on a conservé le souvenir de la guerre héroï-comique qui s'engagea dans une église d'Afrique, parce que le prédicateur, pour traduire le fameux *kikajon* de Jonas, resté énig-matique jusqu'à nos jours, employait l'*hedera* de saint Jérôme au lieu du *cucurbita* auquel on était habitué [1]. On peut donc croire qu'on copia les anciennes versions en Afrique plus tard que dans le reste de l'empire d'Occident, et il est certain que beaucoup de manuscrits africains passèrent sur le continent. Il serait fort intéressant de réunir ceux qui peuvent être arrivés jusqu'à nous, de les comparer, et de déterminer les caractères communs qu'ils doivent présenter ; mais ce travail n'est pas fait, et la paléographie ne peut, jusqu'à présent, rien nous apprendre sur la patrie du *Codex Lugdunensis*. L'examen de la langue, au point de vue de l'orthographe, pourra peut-être nous donner plus de résultats. Les fautes que le scribe a commises [2] (en dehors de simples *lapsus calami*, parmi lesquels nous rangeons *justitiæ* = *justitia*, *demiatum* = *demixtum*, *itholas* = *phiolas* (*phialas*), *curare* = *crurale*, *oppans* = *oppansa*, *excoribunt* = *excoriabunt*, *heæ* = *hæ*, *feminum* = *femineum*, *sementium* = *sementivum*, *intuaris* = *intuearis*, *tabulas* = *tubulas*, *alienigina* = *alienigena*, *proic* = *proice*, *fabricatio* = *fabricato*, *amplus* = *amplius*, *depositio* = *deposito*, *unus* = *unius*, *porficati* = *purifi-cati*, *lapidari* = *lapidaria*, *patruum* = *patrum*, *holera* = *cholera*, *ve* = *vel*, *i* = *in*, *no* = *non*, *emet* = *semet*, *pleb* = *plebs*, *mandra-tora* = *mandracora* (*mandragora*), *oblatio* = *ablatio*, *opugnam* = *pugnam*, *etphycarma* = *epicharma*, *e* = *et*, *es* = *est*, *porfices* = *forpices*, *jucunculum* = *lucunculum*, *conjuges* = *conjunges* [3], etc.)

---

penche à faire descendre le manuscrit de Lyon jusqu'au viiᵉ siècle ; mais il ne donne pas d'arguments à l'appui de cette opinion. Voy. *Bruchstücke einer vor-hieronymianischen Uebersetzung des Pentateuch* (Munich, 1883, p. xx).

1. Rönsch, *Itala und Vulgata*, p. 9-10.

2. Nous renvoyons, pour l'endroit où se trouvent ces fautes, à la liste dressée par l'éditeur ; comme il l'a ordonnée uniquement d'après la substitu-tion d'un caractère à un autre, il est très facile de les retrouver.

3. *Censum* pour *sensum*, *Ex.*, xxxv, 27, ne s'explique sans doute pas pho-nétiquement ; le passage répond mal d'ailleurs au texte grec placé en regard.

ne sont en somme ni graves ni nombreuses. Elles se réduisent à celles-ci :

VOYELLES. *A* pour *e* atone devant *r* : *assarem, passarem*; confusion d'*æ* et d'*e* bref : ainsi d'une part *æpulas, dæi, præhendere, cædrinum*, et même *præsbyter, depræssionis, præssura*, d'autre part *adherere, mense, porte, speleo*[1] ; confusion d'*æ* et d'*e* long : *cenabant, præcæpit*; confusion d'*e* long avec *i*, d'*i* bref avec *e* : ainsi d'une part *vilociter, nire*, -*i* pour -*e*[2] et -*is* pour -*es* à la désinence[3], d'autre part *lenere, aquela, inquenatio, veatores*[4], -*es* pour -*is* à la désinence, et de même -*et* pour -*it*, ce qui trouble toute la troisième conjugaison en confondant les futurs et les présents; confusion des désinences -*eum* et -*ium* : *aleum, osteum*, mais *robio, capillacia, nuclioli*; confusion d'-*i* et d'-*ii*; confusion d'*o* long avec *u*, d'*u* bref avec *o*; ainsi d'une part *robio, arola, edolio*, -*os* pour -*us* à la désinence, d'autre part *consulari, lacusta*, -*us* pour -*os* à la désinence, et même *furnicaria, turnatum*[5].

CONSONNES. Chute de l'*m* finale : *nove, dece, dextru, qua*, etc., et addition erronée d'une *m* à la flexion; chute de l'*h* initiale : *abitus, ædus, aurire*[6], etc.; addition inutile de *n* devant *s* : *formonsa, quadragensimus, thensauros*[7], etc. ; confusion de *b* et de

---

1. *Cælum, hædum*, enregistrés comme des fautes par l'éditeur, ont, au contraire, la bonne orthographe. *Cætharis* pour *citharis* est isolé, et n'est sans doute qu'un *lapsus*. Dans *fætus, fœtus, fetus* et *fæmina, fœmina, femina*, l'orthographe classique a varié.

2. La substitution de *i* à *e* bref dans *morti* est une confusion de déclinaison.

3. *Histerna* est bizarre et doit sans doute être regardé comme une simple faute de copie.

4. *Delatio* pour *dilatio, dilectum* pour *delectum* sont dus à des confusions de préfixes.

5. On sait que dans les langues romanes l'*o* de *tornus* et de ses dérivés est traité comme un *o* long, bien que l'étymologie le fasse bref. Les exemples de *turnus* ne sont pas rares en latin vulgaire (voy. Schuchardt). *Hoc* = *huc* nous semble être une simple distraction de copiste, bien que Schuchardt en cite un autre exemple.

6. L'*h* n'est pas ajoutée à tort ; car *hostia* vient d'une confusion avec *ostia*, et *harena* est la bonne orthographe.

7. Et même *auferens* pour *auferes*. *Confinxit* pour *confixit* vient d'une confusion de mots.

v, mais seulement à l'intérieur des mots : *albea* [1], *-bit* pour *-vit* et *-vit* pour *-bit*, ce qui trouble toute la conjugaison ; intercalation d'un *b* après *u* dans *noctuba*; simplification de *ff*, *ll*, *mm*, *nn*, *pp*, *tt*, et redoublement irrégulier de *l*, *m*, *n*; substitution de *g* à *c* devant *r* : *grater*, *graticula*, *pigris*, et dans *congavum*; confusion entre *nt*, *mt*, *mpt*, *pt* : *temptare*, *volumptarie*, *semptima*; variation dans l'assimilation des consonnes finales de *ad*, *cum*, *in*, *ob*, *sub* avec la consonne initiale du second élément des composés où entrent ces prépositions; hésitation sur la notation de l'*x*, tantôt réduite à *s* : *extraserunt* [2], tantôt fortifiée par un *c* : *uncxit*, *plancxit*, *tancxit*, ou intervertie dans ses éléments : *sescentos*; substition de *c* à *q* dans *cocorum* et *cotidie*.

Beaucoup de faits qui, au premier abord, semblent appartenir à la phonétique, doivent être étudiés sous un autre point de vue. Ainsi c'est la restauration dans le composé des formes du simple et non une prononciation vulgaire qu'il faut voir dans *aspargere consparsa dispargere*, *confrangere*, *elegere intellegere neglegere*, *obsedere possedere*, *redemere*, *occedere procedere*, *constetit* (*clusit* à l'inverse est refait sur *exclusit* [3]). Dans *interdie*, on n'a pas *e* pour *u*, ni dans *noctu u* pour *e*, mais *interdiu* a été rapproché de *die* et *nocte* confondu par le scribe avec *noctu*; dans *bovum* il n'y a pas intercalation euphonique de *v*, mais assimilation à *bovem* et autres formes; *conteritum*, *conterivisti* ne nous présentent pas davantage un phénomène d'intercalation de voyelle, mais ils sont refaits sur *conterere*; *scribsi* et autres formes semblables sont dus à *scribere*; *adulescens* est fréquent et dû sans doute à *adultus*, et il ne faut pas y voir le changement, inconnu au latin vulgaire, d'un *o* bref en *u*; *i* pour *u* dans *auriginem*, *obstipuit*, *quadripede*, sans parler de *monimentum*, *tegimentum*,

---

1. *Ovviam*, puis *oviam* rentre dans la classe des mots composés avec des prépositions qui assimilent leur consonne finale à la consonne initiale de l'autre mot. *Oviam* se retrouve dans le *Monacensis*.

2. Cette forme est isolée, et peut être un simple *lapsus*, comme aussi *adautum* et d'autre part *accesit*, *concidit* = *conscidit*, *possesiones*.

3. Les formes en *u* de *claudere* sont fréquentes (voy. Schuchardt); on les retrouve dans l'italien *chiudere*, prov. *clus*. Mais *claudere* s'est maintenu aussi, et a même fait pénétrer sa diphtongue dans des composés : *exclaudere* et *exclusa* sont également vivants en roman.

regarde l'analogie et non la phonétique ; il en est de même de formes comme *exiebat, transiebat, firet* ; *decim* provient de *quindecim, adips* et *divis* d'*adipis* et *divitis* ; *jocineris* est connu à côté de *jecinoris* ; l'orthographe de *propimquus* et de ses dérivés est due à une préoccupation étymologique.

Enfin il est bon de mettre à part les fautes que présente la transcription des mots grecs latinisés. Elles sont telles, à notre avis, qu'elles indiquent pour la plupart d'entre eux qu'ils avaient passé par la bouche du peuple. Ainsi *arodius* (*herodius*), *bassis* (*basis*), *parapsis* et *parabsis* (*paropsis*), *phyola* (*phiaia*) [1], *nominia* (*neomenia*), *patharas* (*pateras*), *corcodrillus* (*crocodilus*), *chaladrio* (*charadrio*), *coliandri* (*coriandri*), *drachima* (*drachma*), *holocaustoma* (*holocautoma*) [2], *zmaragdus* (*smaragdus*). Plusieurs de ces mots se retrouvent d'ailleurs dans les langues romanes avec les mêmes changements qu'ici. Notons encore sur les mots grecs que la prononciation de l'υ est ici tout à fait incertaine : il est rendu non seulement par *y*, mais par *i, oe, u, ui*, tandis que l'*y* (dans les mots grecs seulement) se substitue à *e, i, u*. Le *ph* est rendu souvent par *f*, jamais par *p* [3] ; au contraire, dans les autres représentations des aspirées grecques, l'*h* est souvent supprimée (*anatema, arra, chrysolitus, licnuchus, myrra, onycynus*) ou ajoutée (*chrystalus, mithra, pathara, storachina, yachintina*), ce qui indique qu'on ne prononçait que la consonne principale.

Que conclure des faits que nous venons d'exposer bien sommairement [4] ? Ils ne nous présentent aucun phénomène qui nous oblige à faire descendre le *Codex Lugdunensis* à une basse époque. Plusieurs fautes qui apparaissent déjà dans de nombreux documents antérieurs à la chute de l'empire d'Occident y font complè-

---

1. Cette forme *phiola* s'est conservée dans le provençal *fiola* et le français *fiole* : le peuple a sans doute déformé le mot grec pour y introduire le suffixe latin -*ola*.

2. Ici nous n'avons pas une altération populaire, mais le résultat de l'influence d'*holocaustum*.

3. Mais on trouve à l'inverse *scorphio, tymphana*.

4. Des relevés de ce genre, pour être vraiment sûrs, devraient comprendre aussi bien les formes normales que les autres, en sorte qu'on sût ce qui est chez le scribe parti pris ou accident involontaire.

tement défaut : on n'y trouve pas par exemple l'*i* ou l'*e* préposé à l'*s* impure [1], ni la suppression de la pénultième brève des proparoxytons [2], ni le remplacement d'*au* par *o* (sauf une fois *codex* pour *caudex*, ce qui est une orthographe admise à l'époque classique), ni la confusion de *ti* et de *ci* devant une voyelle. Si ces traits négatifs nous permettent de faire remonter le manuscrit aussi haut que nous l'accordera la paléographie, ils peuvent aussi nous éclairer sur sa provenance. Quelques-uns semblent parler pour l'Afrique : ainsi l'on a remarqué que les inscriptions africaines ne présentent aucun exemple d'*o* pour *au*, ni de la confusion de *ti* et de *ci* [3] ; un trait que les grammairiens signalent comme africain est l'emploi de *l* pour *ll* et de *ll* pour *l* [4] : or nous remarquons dans notre manuscrit d'une part *aleum, chrystali, milenos, milia, stela* (quatre fois), *vatilum*, d'autre part *camelli, corcodrillus, nolli* (très souvent), *vellit* et *sepellire* (toujours). Mais ces apparences s'évanouissent quand on les regarde de près. La distinction d'*au* et d'*o* n'est pas propre à l'Afrique ; elle se retrouve tout aussi bien en Espagne et en Gaule, et sa présence dans notre manuscrit peut seulement faire croire qu'il n'est pas italien. La confusion de *ti* et de *ci* devant une voyelle se présente déjà, il est vrai, au IIIe siècle, dans l'acrostiche du Syrien Commodianus, *concupiscencia*, mais c'est un fait absolument isolé ; quelques exemples paraissent assurés pour Rome et l'Italie propre au IVe siècle ; on commence à en trouver dans la Gaule transalpine au Ve siècle, dans la cisalpine au VIe siècle seulement [5] ; nous avons donc là une indication de temps et non de lieu. La confusion de *l* avec *ll* n'est qu'apparente : *milia* est la bonne orthographe et a influencé *milenos*; *alium* est éga-

---

1. On en trouve un exemple dans le *Monacensis* (Ziegler, p. XII) : *espuens, Num.*, XII, 14.

2. *Lamna* pour *lamina* (*Lev.*, VIII, 9) peut à peine compter.

3. Sittl, *Die lokalen Verschiedenheiten der lateinischen Sprache, mit besonderer Berücksichtigung des afrikanischen Lateins* (Erlangen, 1882), p. 67. Voyez, sur cet ouvrage, *Romania*, 1883, p. 118-120.

4. Sittl, p. 69.

5. Cf. Sittl, p. 70. L'absence de ce phénomène dans les inscriptions africaines, qui s'arrêtent au Ve siècle, ne prouve donc rien.

lement meilleur qu'*allium*; *stela* appartient à la Gaule et a produit le provençal *estela*, le français *étoile*; *nolli* et *vellit* sont des formes déterminées par *nolle*, *velle*, et défendues par des grammairiens; *sepellire* est une forme fréquente en Gaule et explique le français *ensevelir*[1]. Restent quelques mots grecs, *chrystali*, *camellus* (qui explique seul le français *chamel*, *chameau*, tandis que la forme concurrente *chameil* remonte à *camelus*), *corcodrillus* (la forme vulgaire de presque toutes les langues romanes répond à *cocodrillus*), et *vatilum*, ce qui ne peut rien signifier. Mais d'autres remarques nous éloignent décidément de l'Afrique. « L'échange d'*u* et d'*o*, partout si fréquent, y est très rare, surtout dans les flexions[2] »; or il est très fréquent dans notre manuscrit, et notamment dans les flexions. L'*i* ou l'*e* préposé à l'*s* impure, qui ne se rencontre pas dans le *Codex Lugdunensis*, apparaît en Afrique de très bonne heure. Des témoignages formels, aussi bien que les inscriptions, attestent qu'en Afrique on changeait fréquemment en *b* le *v* et notamment le *v* initial[3] : — nous n'avons pas dans notre texte un seul exemple du changement de *v* initial en *b*; la substitution de -*bit* à -*vit* est un accident qui provient de ce que le scribe, se sachant sujet à mettre -*vit* pour -*bit*, a commis la faute inverse de celle qu'il voulait éviter; *b* pour *v* ne se trouve en réalité que dans *albea* : or, l'*Appendix Probi*[4], qui n'a rien d'africain [5], recommande de dire *alveus non albeus*[6], et le roumain *albină* montre aussi que le *v* de ce mot était devenu *b* un peu partout[7]. Le manuscrit de

---

1. Voy. sur ce point l'article de M. A. Darmesteter, dans la *Romania*, t. V, p. 149-164 : *La protonique non initiale, non en position*. M. Darmesteter explique autrement *sevelir*, *ensevelir*.

2. Sittl, p. 67.

3. Sittl, p. 69.

4. Qu'il ne faut pas confondre avec Probus, comme le fait M. Robert, p. 42.

[5. Cf. ci-dessus les articles sur l'*Appendix Probi*.]

6. *B* pour *v* se trouve, et même à l'initiale, dans le palimpseste de Munich (Ziegler, p. x).

7. D'autres africanismes allégués par M. Sittl, comme *eu = y*, *mm = nn*, sont, comme tels, plus que douteux; voy. l'important article de M. Schuchardt dans la *Zeitschrift für romanische Philologie*, VI, 628.

Lyon n'a donc pas été copié en Afrique ; il est probable qu'il ne l'a pas été non plus en Italie : outre les remarques faites sur *o* = *au* et *ti* confondu avec *ci*, on peut noter que l'*s* finale n'y tombe jamais [1]. Rien ne s'oppose, au contraire, à ce qu'il ait été écrit en Gaule, dans le pays même où il a été conservé, et où il devait être au VIIIe siècle, à en juger par l'écriture et l'orthographe des notes ajoutées à cette époque. Mais cela admis, nous ne pouvons encore en rien conclure sur le pays où la traduction copiée dans ce manuscrit a été faite.

Pour la flexion, il est souvent très difficile de discerner ce qui appartient au copiste et ce qui revient à l'auteur, ce qui tient à des confusions phonétiques et ce qui offre des particularités vraiment grammaticales. L'étude minutieuse de ces faits nous entraînerait trop loin ; bornons-nous à signaler, après M. Robert, les plus importants. Certains pluriels neutres deviennent des singuliers féminins : les plus remarquables sont *crura*, plur. *cruras* [2], et *castra*, gén. *castræ*, qu'on retrouve en France dans les nombreux noms de lieux comme *La Châtre* ou au pluriel *Châtres* ; des neutres deviennent des masculins ; *renes* est féminin (de même *reins* en ancien français) ; des mots de la quatrième déclinaison passent à la deuxième. Les nominatifs *carnis*, *sanguinis*, *principis*, sont surtout dignes d'attention : ils se retrouvent dans des documents écrits en Gaule à l'époque mérovingienne [3]. La rection des cas est très incertaine ; il faudrait un examen approfondi pour distinguer ce qui provient du calque du grec, de l'usage de l'auteur et des fautes des scribes. — Les irrégularités de la conjugaison sont assez nombreuses, même en dehors des simples manquements à l'orthographe ; elles se retrouvent d'ailleurs à peu près toutes dans d'autres docu-

---

1. La prosthèse d'une voyelle devant *s* impure paraît aussi se produire en Italie beaucoup plus tôt qu'en Gaule.

2. M. Ziegler veut que, dans *cruras superiores*, le second mot soit une correction d'un scribe pour *superiora*, amenée par *cruras*, lequel ne devait lui-même son *s* qu'à la répétition fautive de l'*s* de *superiores* ; c'est bien compliqué, et le passage du neutre pluriel au singulier féminin était si fréquent en latin vulgaire qu'il est tout indiqué de l'admettre ici.

3. Voy. H. d'Arbois de Jubainville, *La déclinaison latine en Gaule à l'époque mérovingienne*.

ments du latin vulgaire. — Signalons les adverbes *deosum*, *susum*, et *desusum*, formes très anciennes, *in semel*, commun à la plupart des langues romanes au sens de *simul* [1], les prépositions composées *ab ante*, *de inter*, *de super*, qui se retrouvent dans les dialectes néo-latins. — De syntaxe, dans un texte aussi mécaniquement calqué sur le grec, il ne saurait être question. La grammaire, en somme, ne nous apprend rien de certain sur l'origine de notre version du Pentateuque ; mais elle est loin de nous interdire de la chercher en Gaule [2].

C'est dans le vocabulaire que M. Robert a cru trouver le principal appui de son opinion sur la provenance africaine de cette version. Il a dressé une liste de mots qui ne se lisent, en dehors du *Codex Lugdunensis*, que chez des écrivains originaires d'Afrique, ou qui se lisent chez eux pour la première fois. Mais une objection préalable, qui a déjà été formulée par M. Aubé [3], s'oppose à ce qu'on adopte sans réserve la conclusion du savant éditeur. Sauf Commodianus, saint Hilaire, Lucifer et un peu plus tard saint Ambroise, tous les représentants, ou peu s'en faut, de la première littérature latine chrétienne, appartiennent à l'Afrique : il est donc naturel qu'un texte chrétien du IIIe siècle présente dans son vocabulaire une grande ressemblance avec les ouvrages des chrétiens d'Afrique, et cette ressemblance peut fort bien tenir, non pas à ce qu'il est africain, mais à ce qu'il est chrétien. Tel est le cas, par exemple, pour les mots si nombreux empruntés au grec, qui, dans toute l'église latine, ont été indépendamment puisés aux mêmes sources. Mais des Africains non chrétiens, Apulée, Macrobe, Cælius Aurelianus, sont également cités par M. Robert comme ayant des mots rares en

---

1. L'italien *insieme* ne peut venir de *in simul*, qui donnerait *inseme* ou *insemo* ; le provençal *sems*, *ensems*, ayant un *e* ouvert (voy. le *Dictionnaire de rimes* d'Uc Faidit), renvoie également à *semel*. Mais d'autres formes romanes peuvent remonter à *simul*.

2. Elle nous y engage plutôt. Sans parler de la phonétique générale, qui n'a rien de très caractérisé mais peut fort bien être gallo-romaine (signalons surtout *i* pour *e* long), on peut citer les formes *stela* (seulement français et provençal), *phiola* (de même), *sepellire* (mais on retrouve cette forme dans des manuscrits de différentes provenances) et quelques autres.

3. *Revue archéologique*, 1881, p. 250-251.

commun avec le *Codex Lugdunensis*. L'erreur possible est ici d'une autre nature, et elle a été signalée par M. l'abbé Misset[1] : la plupart des mots en question sont des composés ou des dérivés qui sont dans le génie du latin de la décadence, et qui sont formés par des procédés en usage chez tous les auteurs qui l'ont écrit[2]. M. Robert répond, il est vrai[3] : « Tant que M. Misset « ne m'aura pas démontré que les mots cités dans ma liste ont « été employés par des auteurs latins antérieurs à Cyprien, « Tertullien, etc., j'ai le droit de croire ma conclusion admis- « sible. » Peut-être ; mais ce qui est admissible n'est pas pour cela probable, et la probabilité fait défaut à la conclusion de M. Robert. Voici même un fait qui la contredit. M. Sittl, dans l'ouvrage cité plus d'une fois, a remarqué (p. 149) que saint Augustin avait dû avoir une version du Pentateuque composée en Afrique, et il relève dans ses citations plusieurs mots qu'il regarde comme des africanismes. Il en cite sept : pour deux (*supernomino* et *superpositio*) les passages correspondants manquent dans notre manuscrit ; un, *incumbere* dans un sens particulier, s'y retrouve (*Gen.*, XXXVIII, 13), mais il est bien peu caractéristique ; les quatre autres y sont remplacés par d'autres expressions : *exsecramentum*[4] une fois (*Num.*, V, 21) par *exsecratio*, et l'autre (*Deut.*, VII, 26) par *abominatio* ; *reliquiarium* (*Gen.*, XLIV, 7) par *reliquias* ; *clamare aliquem* (*Ex.*, III, 4) par *vocare* ; *turbare* (*Gen.*, XLVIII, 1) par *inæstuari*. Le vocabulaire du Pentateuque de Lyon, si nous examinons les listes de mots pouvant appartenir au latin vulgaire qu'a dressées M. Robert, n'offre rien de très particulier : *acceia* était déjà connu (voy. Diez) et survit, avec le sens de « bécasse, » en italien, en espagnol et dans divers patois français (*acée*) ; *criniculas*, par son genre, rappelle

---

1. *Les Lettres chrétiennes*, t. III, p. 456 et suiv.

2. D'autres, comme l'a montré M. Misset, doivent être rayés de la liste et se trouvent déjà dans des auteurs antérieurs aux écrivains africains.

3. *Les Lettres chrétiennes*, t. IV, p. 90.

4. Ces dérivés en *-amentum* paraissent à M. Sittl caractériser l'africanisme ; mais ils sont tellement abondants dans toutes les langues romanes qu'il est bien difficile d'adopter cette opinion. On serait plus porté, quoique avec bien des réserves, à admettre l'usage plus fréquent en Afrique des dérivés en *-amen* ; ils se montrent d'ailleurs à peine dans notre texte.

l'ancien français *crigne* ; *divinacula* survit dans *devinaille* ; *divisamentum* est l'ancien français *devisement* ; *inodiare*, d'où notre *ennuyer*, est bien connu ; *oppansum* et *reburrus* se trouvent dans des glossaires de provenances diverses ; *posticium* est l'ancien français *postiz* (il est donc inutile de corriger en *posticum*) ; *rumigare* est l'ancien français *rungier* et se retrouve depuis le roumain jusqu'à l'espagnol ; *ustilago* (au sens de maladie), *floscella*, *sagestra*, n'ayant point survécu dans les langues romanes, rien n'indique la partie de l'empire où ils pouvaient être usités. « Les Latins, dit M. Robert, écrivaient *eructo* ; Tertullien, « Arnobe et saint Cyprien écrivent *eructuo* ; dans Pline *adaquo* « signifie *arroser*, dans Arnobe il signifie *abreuver*, sens qu'il a « dans le *Codex Lugdunensis* ; *umbo* est employé par Tertullien « et Apulée avec le sens de *toge* qu'il a dans notre manuscrit ; « chez les Latins il signifie *bouclier, coude* ; *abscisio* est employé « par Arnobe et dans notre manuscrit avec le sens d'*action de* « *couper* : dans Priscien il signifie *apocope* ; *tribulare* a, dans « Caton, le sens de *presser avec une herse ou tout autre instrument* ; « dans Tertullien et dans notre manuscrit, il signifie *affliger*, « *faire souffrir* ; des mots que nous trouvons au pluriel, comme « *injustitias, justificationibus*, ne sont employés que par « Arnobe, etc. » Ces rapprochements sont ingénieux, mais ils n'ont pas de portée : *ructuare* (*eructuare*) est formé de *ructus* comme *fluctuare* de *fluctus*, *æstuare* d'*æstus* ; *adaquare*, au sens d' « abreuver », est employé par saint Jérôme aux mêmes endroits de la Genèse (XXXIX, 3 ; XXXI, 38) ; *umbo* (cf. germ. *wamba*, celt. *gumba*) signifie proprement « gonflement, ventre », et a le sens de « gonflement de la toge » dans Perse, d'où celui de « toge » dans Arnobe et de « vêtement gonflé » (et non « toge ») dans notre texte ; Priscien emploie *abscisio* pour traduire le grec ἀποκοπή, parce qu'*abscisio* avait, comme ἀποκοπή, le sens d' « action de couper [1] » ; *tribulare* et ses dérivés sont pris métaphoriquement par tous les écrivains chrétiens ; les pluriels de mots abstraits sont en effet fréquents chez les Africains, mais

---

1. Priscien était lui-même un Africain, et M. Robert aurait pu faire d'*abscisio* un usage plus direct, quoique aussi peu probant. Le mot, au sens d' « apocope », est déjà dans la Rhétorique à Herennius, et ailleurs encore.

leur emploi dans notre manuscrit ne signifie rien, parce qu'il y est amené par la traduction littérale du grec.

Résumons-nous. Le manuscrit de Lyon a dû être écrit au ve siècle, ailleurs qu'en Afrique, et sans doute dans le midi de la Gaule. Rien n'empêche de croire que la traduction qu'il contient a été composée dans le même pays. L'abondance des mots grecs et la déformation populaire qu'ils ont subie indiquent une région où le grec s'était beaucoup parlé à côté du latin, où l'Église chrétienne, de grecque, était devenue peu à peu latine. Pourquoi ne serait-ce pas à Lyon même que la traduction aurait été faite et plus tard copiée[1]? Cette hypothèse nous semble la plus naturelle. La langue et l'orthographe de ce volume, qui se prête encore à bien des études, nous apparaîtront comme particulièrement précieuses si nous pouvons y chercher des renseignements sur l'usage vulgaire du latin dans notre pays du iiie au ve siècle.

Le chrétien zélé, mais peu éclairé, qui exécuta cette traduction du Pentateuque, et peut-être de tout l'Ancien Testament[2], ne se rendait sans doute pas un compte exact de la difficulté de son entreprise. Par lui et par ceux qui firent comme lui, un monde nouveau d'idées, de sentiments, de notions et de formes entrait violemment dans l'enveloppe de la vieille langue de Rome, qui ne lui offrait certes pas un vêtement docile et souple. Sans doute la difficulté n'était pas comparable à celle qu'avaient éprouvée les traducteurs grecs en essayant pour la première fois de jeter le produit le plus caractérisé de l'esprit sémitique dans le moule de la parole hellénique. Nos traducteurs latins ne traduisaient que cette version grecque ; la naturalisa-

---

1. Il serait bon de comparer de près au *Codex Lugdunensis* la version latine d'Irénée. Cette version dut être faite à Lyon ; elle paraît offrir avec notre Pentateuque certaines ressemblances.

2. Peut-être, au contraire, les divers livres du Pentateuque n'ont-ils pas tous le même traducteur. Nous avons dit dans notre premier article que M. Ziegler avait établi l'accord du *Lugdunensis* avec le *Monacensis* pour les *Nombres* et le *Deutéronome* ; pour l'*Exode*, au contraire, le *Lugdunensis* et le *Wirceburgensis* ont un texte commun, tout différent du *Monacensis* ; les trois textes divergent absolument pour le *Lévitique*. Il y a là encore bien des questions à résoudre.

tion occidentale du livre oriental par excellence était commencée; la moitié de la tâche était faite. Mal faite, il est vrai : le grec des Septante est non seulement barbare à plus d'un point de vue, mais souvent obscur et incohérent. Si le traducteur latin avait voulu tirer de son modèle un livre, non pas lisible, mais partout intelligible, il aurait été arrêté par des difficultés sans nombre. Mais il prit sa tâche autrement : moitié par impuissance, moitié par respect pour le texte sacré, il s'astreignit à une littéralité absolue, et, sans parler des fautes de son original grec ni de ses propres contresens, il se contenta de donner une reproduction mécanique de ce qu'il avait sous les yeux, sans s'inquiéter si ce qu'il obtenait ainsi donnait partout un sens acceptable ou un sens quelconque. Il dut commencer par une traduction interlinéaire, dans laquelle, sauf les articles et certaines particules propres au grec, il mit un mot latin au-dessus de chaque mot grec : c'est ce qu'indique l'ordre, si fréquemment contraire à la syntaxe latine, de ses mots, ordre qui est souvent absolument identique à celui de nos manuscrits des Septante, qui parfois en diffère, mais qui nous représente celui du manuscrit même qu'il suivait. Sa version devait avoir pour but primitif d'aider à lire le texte grec ceux qui ne possédaient pas suffisamment la langue dans laquelle il était écrit. Mais plus tard on la détacha du grec, que personne ne comprenait plus, et on la lut à part, soit en particulier, soit dans l'église. D'autres versions en grand nombre, ayant sans doute une origine pareille, circulaient à côté et formaient, pour l'immense majorité des chrétiens d'Occident, les seules sources où ils puisaient leur connaissance de la Bible. Avec leurs défauts évidents, leurs obscurités et leurs non-sens, elles étaient, comme telles, fort appréciées, et ce ne fut pas sans peine ni sans luttes qu'elles cédèrent le terrain à l'œuvre de saint Jérôme, bien supérieure malgré ses imperfections. Elles ont laissé des traces jusque dans des siècles très postérieurs : le moyen âge tout entier a cité avec complaisance des prophéties soi-disant messianiques qui ne se trouvent ni dans le texte hébreu ni dans la Vulgate, et qui ne doivent leur existence qu'à des contresens des Septante propagés par leurs anciens traducteurs latins [1] ; et de nos jours encore,

---

1. M. Marius Sepet a démontré qu'un grand nombre de mystères du moyen âge relatifs à la Nativité avaient leur source dans un sermon attribué à saint

on représente l'enfant Jésus entre un bœuf et un âne à cause
d'un passage d'Habacuc qui, traduit par les Septante « au milieu
« de deux animaux, » signifie en réalité tout autre chose [1].
Mais peu à peu, l'Eglise ayant adopté partout la traduction hié-
ronymienne, on cessa de copier les anciennes versions, et, en
général, on laissa les copies antérieures se détruire quand on ne
les détruisit pas exprès. Il nous en est resté de très nombreux
débris pour le Nouveau Testament (où les différences avec la
Vulgate étaient naturellement moins grandes), de très rares
pour l'Ancien. Aucun ne se compare en importance à celui que
nous a conservé le manuscrit de Lyon, et la science, qui trouve
dans ce monument de si précieux renseignements de tout genre,
devra toujours une vive reconnaissance à M. Ulysse Robert pour
l'édition qu'il en a donnée avec le soin le plus consciencieux,
le plus méritoire et le plus intelligent.

[*Journal des Savants*, 1883, mai (p. 276-288)
et juillet (p. 286-399).]

[II]

*Heptateuchi partis posterioris Versio latina antiquissima e codice Lug-
dunensi. Version latine du Deutéronome, de Josué et des Juges
antérieure à saint Jérôme, publiée d'après le manuscrit de Lyon
avec un fac-similé et des observations paléographiques et philologiques sur l'origine et la valeur de ce texte, par Ulysse Robert.* Lyon,
Rey, 1900, in-4°, XXXVI-164 pages.

M. Ul. Robert nous donne ici la suite de sa belle publication

---

Augustin, où sont évoqués tous les prophètes du Christ. Les prophéties qui
leur sont mises dans la bouche sont empruntées à une ancienne version latine
de la Bible (ce qui prouve au moins l'antiquité de ce sermon), et sont repro-
duites ainsi jusqu'à la fin du moyen âge. Ainsi l'on fait dire aux Juifs par
Daniel que le Christ viendra « quand cessera leur onction », tandis que la
Vulgate porte que « le saint des saints recevra l'onction. » (*Dan.*, IX, 24.)

1. L'ancienne traduction latine, rapportée et dans le sermon, et dans plusieurs passages des Pères, porte *In medio duum animalium cognosceris*, tandis
que la Vulgate donne (*Hab.*, III, 2) : *In medio annorum notum facies (opus
tuum*).

du célèbre manuscrit de Lyon, qui, grâce à la découverte par M. Delisle et à l'acquisition par la bibliothèque de Lyon de cahiers anciennement séparés du reste, comprend maintenant, outre le *Deutéronome* qui manquait au Pentateuque, *Josué* et les *Juges*. Ce sont ces trois derniers livres qu'a imprimés M. Robert avec le soin et l'exactitude qu'on lui connaît. Il a joint au texte des rapprochements perpétuels avec les citations d'anciennes versions bibliques faites par les Pères latins et avec toutes les variantes connues du texte grec : c'est un travail considérable et qui mérite les plus grands éloges. Dans l'Introduction, après les renseignements nécessaires sur la suite si heureusement retrouvée du *Codex Lugdunensis*, il donne le relevé des particularités graphiques, grammaticales et lexicographiques du texte, et reprend l'examen des questions de date et de provenance. Il propose — à peu près comme dans sa première publication — de regarder la traduction comme faite en Afrique au IIIe-IVe siècle, et le manuscrit comme exécuté au Ve-VIe siècle, soit en Afrique, soit à Lyon même, et il montre (ce qu'il n'avait pu faire avec autant de précision pour la première partie) que Lucifer de Cagliari s'est servi d'une version très rapprochée de la nôtre. Quant à la thèse elle-même de l'origine africaine, il l'appuie d'une nouvelle liste de mots employés exclusivement ou pour la première fois par des Africains et qui se trouvent dans la seconde partie de l'Heptateuque (il faut en retrancher *colliculus*, déjà dans Martial, XII, 25) : la thèse prête toujours aux objections qui lui ont été adressées jadis (*Journ. des Sav.*, 1883, 395). M. R. a relevé dans le texte qu'il publie quelques mots rares ou même nouveaux : l'un des plus intéressants est *cauua* traduisant γλαύξ (*Deutér.*, XIV, 15); *spalangios* n'est pas un mot inconnu (voy. Schuchardt, *Vok.*, II, 378). — Ce beau travail, qui sera bien souvent consulté par les philologues et les « biblistes », fait le plus grand honneur au savant paléographe qui l'a mené à bonne fin, et l'on doit être très reconnaissant à l'Académie de Lyon d'avoir donné à M. Robert les moyens de le mettre au jour.

[Romania, XXX, 1901, p. 475.]

L'ALTÉRATION DU *C* LATIN

[I]

L'ALTÉRATION ROMANE DU *C* LATIN

Le *c* latin devant *e*, *i* a pris, comme on le sait, dans la plupart des parlers néolatins, une prononciation très différente de celle qu'il avait autrefois : cette prononciation se ramène à deux types primitifs, qui se sont ou maintenus ou diversement alté-rés : *ts* (en Espagne, dans certains cantons ladins, dans la plus grande partie de la Gaule, dans une partie du domaine roumain) et *tš* (en Italie, en ladin sauf quelques cantons, dans la région picarde-normande, dans la plus grande partie du domaine roumain). Cet important phénomène de phonétique a donné lieu à beaucoup de recherches et de discussions : on s'est demandé notamment à quelle époque remontait l'altération du *c*, si elle s'était produite dans le latin vulgaire, en entendant par là l'état de la prononciation latine auquel remontent tous les parlers romans, ou si au contraire elle s'était accomplie indépendamment dans chacune des régions qui la présentent [1]. Je voudrais résumer les opinions diverses émises à ce sujet et dire celle qui me paraît la plus vraisemblable. Ce court mémoire n'est qu'un fragment d'une étude plus étendue, dont les autres parties seront publiées ailleurs : l'une est consacrée au contrôle des faits épigraphiques et paléographiques qu'on a cités ou qu'on pourrait citer pour attester l'ancienneté d'une altération dans la prononciation du *c* latin [2]; l'autre a pour objet de rechercher

---

1. On a aussi discuté sur la question de savoir lequel était le plus ancien de *ts* ou de *tš*, si l'un venait de l'autre, ou si tous deux étaient sortis indépendamment du *c*; c'est une question secondaire, que je ne touche pas ici.

2. Cette partie fait l'objet d'un mémoire qui sera lu incessamment à l'Académie des Inscriptions [cf. ci-dessous, 2e article].

spécialement, par la comparaison d'autres faits linguistiques auxquels celui-ci est lié, la date et, si possible, le mode et les différentes phases de l'altération du *c* en gallo-roman [1]. Ici, je me borne à la question de la date de l'altération du *c* et de la connexité admise ou contestée pour cette altération entre les diverses régions romanes. Mais, avant de présenter le résumé des opinions des autres et le résultat de mes propres observations sur ce sujet, je me vois obligé de bien déterminer le sujet lui-même, c'est-à-dire de préciser ce qu'il faut entendre par le *c* latin et par son altération romane. Je dois d'abord avertir que j'écarte, sauf pour quelques rapprochements nécessaires, tout ce qui concerne l'histoire du *c* latin devant *e*, *i* suivis immédiatement d'une autre voyelle : cette histoire, intimement liée à celle du *t* dans la même situation, est distincte de celle du *c* devant *e*, *i* non en hiatus et demande une étude à part. Je néglige également ce qui concerne le *g*.

I

Il importe avant tout, en étudiant l'évolution de la consonne latine qui nous occupe, d'en bien définir la nature. Si nous considérons ce qu'est devenue en français l'initiale des trois mots latins *corpus, carrum, cervum*, nous voyons qu'elle aboutit à trois résultats différents : *cors, sar, serf*, et nous savons que la même différence se retrouve dans tous les mots latins devenus français où *c* en position forte [2] précède respectivement (en latin) une voyelle grave (*u*, *o*), moyenne (*a*) ou aiguë (*e*, *i*) [3]. Dans les autres langues romanes (en laissant de côté pour le

---

1. Cette étude sera prochainement publiée dans la *Romania* [cf. ci-dessous, 3e article].

2. La consonne, pour la philologie française, est en position forte quand elle est initiale ou qu'elle est finale ou commence une syllabe après une consonne (ainsi le *c* de *cervum, tunc, perca, mulcere*), en position faible quand elle est finale ou commence une syllabe après une voyelle (*nec, locum, sica, placere*).

3. Pour les voyelles françaises, inconnues au latin, *ö*, *ü*, voir plus loin, p. 35.

moment le sarde, l'illyrien et le roumain), la différence n'existe qu'entre le *c* de *corpus*, dont celui de *carrum* n'est pas distinct, et le *c* de *cervum* : it. *corpo* (*carro*), *tšervo*; esp. *cuerpo* (*carro*), *thiervo*; pr. *cors* (*car*), *serf* (de même en ladin). Toutefois le provençal et le ladin, dans plusieurs de leurs variantes, représentent, comme le français, les trois *c* du latin par trois phonèmes différents. Il semble bien résulter de là que la nature de la voyelle qui suit la consonne la modifie en quelque mesure. La différence, trop légère à l'origine pour être perçue par la conscience et notée par l'écriture, est allée toujours en s'accroissant, et la consonne que les Latins regardaient comme unique a abouti dans les parlers néolatins à deux ou à trois consonnes différentes. Des faits analogues se retrouvent dans l'histoire d'autres langues ; ils invitent à examiner la formation de la consonne en question, suivant qu'elle précède une des trois séries vocaliques indiquées. Cet examen, qui a été fait à plusieurs reprises et accompagné d'expériences, a pleinement confirmé les résultats de l'observation purement historique, en montrant que le lieu de l'articulation diffère dans chacun des trois cas. En même temps il a rectifié l'opinion, jadis acceptée et trop souvent répétée même aujourd'hui, d'après laquelle il s'agirait ici de consonnes « gutturales ». Le latin, soit dans sa forme ancienne, soit dans ses variations aujourd'hui vivantes, ne connaît d'autres phonèmes qui puissent recevoir avec quelque justesse le nom de « gutturaux » que l'*h* et ceux qui s'en rapprochent ; mais l'initiale de *corpus, carrum, cervum* est incontestablement une « explosive palatale sourde », comme l'initiale de *gutta, gallum, genus* est une « explosive palatale sonore » : elles se produisent également par le contact de la langue et du palais, la première sans accompagnement, la seconde avec accompagnement d'une vibration de la glotte. L'emploi trop longtemps continué de la dénomination de « gutturales » a souvent embrouillé les idées et surtout les explications des philologues qui ont traité le sujet qui nous occupe, particulièrement quand, ce qui arrive fréquemment, ils ont employé à la fois le nom de « gutturales » et celui de « palatales », en prenant ce dernier tantôt dans son vrai sens, tantôt dans des sens différents et mal définis, qui se rapportent à peu près à celui de « fricatives ». La « palatalisation des gutturales » est un mot qui revient à chaque instant dans nos grammaires et nos discussions, et qui n'aurait de sens qu'à condition d'être soigneusement expliqué ou plutôt traduit, ce que ne font guère ceux qui l'emploient : ils entendent généralement par là l'affrication des explosives palatales. Comme je devrai citer par la suite les opinions de divers savants qui ont employé ces expressions sans assez de rigueur, je tâcherai d'éclaircir leur pensée en accompagnant d'équivalents plus précis les termes dont ils se servent. Je dirai donc, sans entrer dans le détail de l'étude physiologique des consonnes en question, que l'explosive palatale sourde se présente dans des conditions d'articulation un peu différentes suivant qu'elle précède un *u* (*o*), un *a* ou un *e* (*i*). Dans le premier cas, l'obstacle écarté par l'explosion qui produit la consonne est formé par la langue adossée au palais assez loin en arrière des alvéoles dentaires; dans le troisième, par le même organe appuyé près des alvéoles. On a appelé pour cette raison l'explosive de la première sorte « vélaire », celle de la troisième « alvéolaire » ou par excellence « palatale »; mais les désignations de « vélaire » et d' « alvéolaire » sont en fait également inexactes, et l'expression « palatale » convient aussi bien à l'explosive de la première sorte qu'à celle de la troisième; il faut en effet la garder pour l'ensemble des consonnes formées par le contact de la langue avec le palais. On a proposé pour l'explosive du premier groupe le nom de « postpalatale », pour celle du troisième le nom de « prépalatale » : ces désignations sont claires et indiquent bien qu'il s'agit de subdivisions dans une division générale. Quant à l'explosive palatale devant *a*, qui n'a pas toujours été distinguée de la postpalatale, elle s'articule dans une région intermédiaire entre la postpalatale (*cu*, *co*) et la prépalatale (*ce*, *ci*) : nous appellerons, en employant un terme admis par plusieurs phonéticiens, mais dont la valeur n'a pas toujours été définie de même, l'explosive palatale sourde et l'explosive palatale sonore devant *a* (*ca*, *ga*) des explosives « médiopalatales ».

Par une chance qui, au moins en partie, n'est pas fortuite, mais remonte à une très ancienne et très délicate analyse des phonèmes, l'alphabet latin nous offre précisément trois caractères pour les trois variétés de l'explosive palatale sourde (postpalatale, médiopalatale, prépalatale), et le nom de ces caractères en désigne nettement la valeur : *q* (pr. *qou*) [1] devant *u* (*o*), *k* devant *a* [2], *c* (pr. *ké*) devant *e* (*i*). Il serait commode et abréviatif de se servir de ces caractères et de ces noms pour désigner les trois variétés. C'est ce que je ferai par la suite.

La différence d'émission entre *q*, *k* et *c* existe, aûtant qu'on peut le croire, dans toutes les langues, puisqu'elle tient au mode même de formation des explosives palatales. Mais elle est tantôt plus, tantôt moins marquée, et tandis que dans beaucoup de langues elle n'a pas dépassé l'état originaire où elle existait en latin classique, elle s'est dans d'autres, comme nous l'avons vu, développée jusqu'à aboutir à des phonèmes très éloignés de leur point de départ. Cette altération n'atteint pas le *q* [3] ; elle porte soit sur le *c* seul, soit soit sur le *c* et le *k* ; elle tient donc à la place de plus en plus avancée dans la bouche où se forme l'obstacle écarté par *k* et par *c*. Je ne m'occupe ici que de l'altération du *c*. Partout où elle se produit, elle consiste essentiellement en ce que l'articulation de l'explosive perd de sa netteté et se continue par la fricative palatale *j* [4] : *ce* devient à peu près *cje* [5]. Mais en général l'évolution ne s'en tient pas là : l'élément explosif palatal de *cj* est très fréquemment remplacé par un élé-

---

1. On sait que le *q* reproduit le *qoph* phénicien et hébreu, l'ancien *qoppa* grec ; ce caractère, éliminé par le grec, n'a été maintenu en latin que dans le groupe *qu*, lorsque l'*u* n'a pas la valeur d'une voyelle syllabique. Cf. sur le *q* les remarques et les citations de Seelmann, *Die Aussprache des Lateins*, p. 337 et 344.

2. L'histoire de la substitution du *c* (anciennement = γ grec) au *k* (= κ) dans l'alphabet latin est encore assez obscure : mais ce qui est certain, c'est que le *k* a été réservé à la notation de l'explosive palatale devant *a* : dans *kalendae*, *Karthago*, la graphie par *k* est classique, et plusieurs grammairiens ont même enseigné qu'il fallait toujours écrire *k* pour *c* devant *a*, au moins à l'initiale. (Voir Seelmann, p. 337, 341.) A l'époque mérovingienne, nous trouvons cette orthographe fréquemment appliquée ; elle s'est maintenue très longtemps pour le nom *Karolus*, où elle était officielle.

3. Les altérations du *q* en position forte ou faible sont de tout autre nature.

4. Je désigne ainsi la fricative souvent notée par *y*.

5. Cette phase première de l'évolution se remarque bien nettement dans la façon de parler non seulement des paysans, mais de la plupart des personnes cultivées du haut Cotentin : on y prononce *paqujet*, *qujiller* pour *paquet*, *quitter* (Cf. plus loin, p. 101.)

ment dental : *cje* devient *tje*, Puis, souvent, dans le groupe *tje* le *j* se change en *š* (*tše*) ou en *s* (*tse*), et très souvent par la suite l'élément explosif est éliminé, en sorte qu'on a simplement *š* (*še*) ou *s* (*se*). Bien d'autres combinaisons se produisent encore rien que dans les langues romanes. Le *c* en position faible est exposé à des altérations particulières [1].

On est habitué en philologie romane à désigner l'ensemble de ces phénomènes sous le nom d' « assibilation ». C'est un terme qui me paraît inexact, équivoque et dangereux. La première phase de l'évolution du *c*, la plus importante et la seule essentielle, *cj*, ne présente aucun élément sibilant, et il en est de même de la seconde (*tj*). L'élément sibilant (ou chuintant), quand il s'est produit, ce qui n'est pas toujours le cas, s'est substitué à la fricative palatale qui était venue s'adjoindre à l'explosive ; c'est donc un phénomène secondaire. Je ne vois pas de mot unique qui puisse désigner clairement l'ensemble des phénomènes les plus habituels de l'évolution du *c* ; le terme d' « affrication » en désignerait bien le point de départ, mais seulement le point de départ. Je crois qu'il est plus sage de s'en tenir à une expression tout à fait générale comme celle que j'ai choisie pour en faire le titre de ce mémoire : *l'altération* (romane) du *c* (latin). C'est sous le bénéfice de cette remarque que je prie les lecteurs d'interpréter le mot d' « assibilation » qu'ils verront employé plus d'une fois par les auteurs dont je rapporte les opinions.

Le fait, constaté par l'observation phonétique, que l'altération du *c*, avec toute la variété de ses phénomènes, a pour point de départ une affrication qui a dû commencer par être à peine sen-

---

1. Il serait très intéressant de rechercher pourquoi le *c* est sujet à l'affrication dans tant de langues diverses, et comment elle se produit ; mais cette recherche m'entraînerait sur un terrain encore bien incertain et n'aboutirait sans doute pas à un résultat assuré ; à plus forte raison en est-il ainsi de l'explication de la substitution si générale de *t* à *c* dans le groupe *cj*. On trouvera sur ces points des remarques précieuses, sinon tout à fait décisives, dans les derniers ouvrages de phonétique, et notamment dans le livre de M. Paul Passy, *Étude sur les changements phonétiques*, §§ 504-506. En somme ces phénomènes, comme la plupart des altérations phonétiques, sont dus à une influence de contiguïté jointe à un relâchement dans l'énergie.

sible, détermine le point de vue auquel doit aujourd'hui se placer la grammaire historique. On ne peut plus songer à fixer le moment où le c s'est « assibilé », la transformation de cette consonne s'étant opérée par une série continue et plus ou moins riche et rapide de changements insensibles. Pour que des changements de ce genre arrivent à se manifester dans l'écriture, il faut certaines circonstances qui sont loin de se présenter toujours : il faut ou que l'alphabet offre des caractères qui aient pour fonction habituelle d'exprimer la nouvelle valeur atteinte par le phonème altéré, ou que les scribes sentent le besoin d'introduire une notation nouvelle pour représenter une prononciation qui, en certains cas, éloigne trop sensiblement le phonème de la valeur ordinairement notée par le caractère qui l'exprime. Ce besoin a été ressenti pour le français quand le k en position forte est devenu $t\check{s}$, et l'on a introduit la notation ch. Pour le c au contraire l'altération variée de la prononciation n'a empêché ni en France, ni en Italie, ni en Espagne le maintien de l'ancienne notation : le fait que c se prononçait autrement devant e (i) que devant u (o) a semblé suffisamment marqué par la présence même de ces voyelles; il n'y avait de difficulté que quand, par suite de la chute d'un e (i) intermédiaire, le c prenait devant u (o), a, la valeur qu'il ne devait avoir que devant e (i) : on s'en est tiré de diverses façons (ci, ce, cz, z, ts, $ç$, cs, ss, s) ou l'on ne s'en est pas tiré [1]; mais on n'a pas eu, sauf quelques essais isolés, l'idée de créer un signe spécial pour noter la valeur prise par le c devant e (i). L'arrivée du c, dans certains lieux et certains temps, à la valeur exprimée d'ordinaire par z ou par s a donné lieu à des notations du c par ces lettres, qui sont précieuses pour l'histoire phonétique, mais qui n'appartiennent pas aux phases anciennes de l'évolution. Ces phases pouvaient difficilement laisser leurs empreintes dans l'écriture, sauf peut-être la dégradation de c à cj : celle-ci

---

1. On sait que le plus souvent au moyen âge on écrit, dans ce cas, simplement *ca, co, cu* (*pieca, facon, recul*); c'était au lecteur à se guider d'après le sens. Nous en faisons autant aujourd'hui, avec notre prétention à une orthographe « intellectuelle », quand nous écrivons par exemple *portions* : le contexte seul décide s'il s'agit de *portiones* ou de *portabamus* (de même *couvent* est aussi bien *conventum* que *cubant*).

pouvait trouver une expression dans la notation *ci*, qui en latin, après avoir partout représenté *c* suivi d'un *i* syllabique, avait de bonne heure, dans les groupes *cia, cie, cio, ciu*, pris la valeur de *c* suivi d'un *j*. Mais en somme nous ne devons pas nous attendre à trouver beaucoup de renseignements dans l'écriture sur les transformations de l'explosive prépalatale sourde.

Ces notions préliminaires nous permettront de mieux comprendre le problème que pose au philologue ce point particulier de l'évolution phonétique du latin, et de nous rendre mieux compte de la valeur des solutions qui en ont été données.

II

Les Romains ne remarquaient aucune différence entre *q*, *k* et *c*, et en effet la distinction entre ces trois variétés de l'explosive palatale sourde, incontestable au point de vue de leur formation, est presque nulle au point de vue de leur effet acoustique. Un Français (non phonéticien) ne trouvera pas de différence entre les initiales de *corps, car, quel*. Les témoignages des grammairiens latins sur ce point sont unanimes ; ils ont été souvent rapportés, et il est inutile de les reproduire de nouveau [1]. Aussi n'a-t-on pas vu sans quelque étonnement M. Bréal, dans un récent mémoire [2], sembler s'attaquer à un des faits les plus assurés de la phonologie du latin, celui de la prononciation du *c* comme explosive sourde simple. Le savant linguiste a, il est vrai, dans certains passages, atténué sa thèse de façon à lui enlever ce qu'elle aurait eu, d'après d'autres passages, de paradoxal, mais aussi de nouveau. Après avoir dit : « Nous ne croyons pas que le son palatal [3], pour se former, ait attendu l'époque où ont

---

1. On peut les voir dans Seelmann et ailleurs. Je citerai seulement le passage si caractéristique de Velius Longus sur les graphies *cecit* et *coquit*, où il remarque : « decentius legitur... *coquit*, secunda syllaba per *q* scripta, quam ut utraque per *c* scripta enuntietur ».

2. *Mémoires de la Société de linguistique de Paris*, VII, 152-156. — Je laisse de côté la première partie du mémoire de M. Bréal, où il s'occupe du *c* devant *e*, *i* en hiatus.

3. On voit combien il serait nécessaire de s'astreindre, en traitant des questions de phonétique, à donner aux mots qu'on emploie une valeur précise.

commencé les langues romanes¹ », M. Bréal se contente de dire en terminant : « Nous croyons pouvoir conclure qu'on a trop simplifié les faits et qu'on a supposé sans raison pour le latin une exception invraisemblable², en affirmant que le *c* a partout la valeur d'une gutturale vélaire. » Mais personne, à ma connaissance, n'a jamais affirmé cela; M. Charles Joret a fondé toute son histoire de l'évolution romane du *c* latin sur la distinction entre le *c* qu'il appelle « vélaire » (devant *u*, *o*, *a*) et le *c* qu'il appelle « palatal » (devant *e*, *i*). M. Bréal ralliera donc tout le monde à une conclusion aussi raisonnable, de même qu'à la claire explication qu'il donne de la différence de formation entre *q* et *c*. Mais ailleurs il semble aller beaucoup plus loin, et la pensée qu'il paraît avoir eue le plus souvent, sinon à tous les instants de son travail, c'est que le *c* latin avait à peu près la valeur de *cj*³. C'est une opinion qu'il est fort difficile de combattre en elle-même, le mot « latin » étant pris ici dans un sens absolument indéterminé, et l'altération du *c* en *cj* ayant été, comme on l'a vu, la première étape de sa multiple

---

Qu'est-ce ici qu'un son « palatal »? M. Bréal dit de même un peu plus haut que le *c* latin avait « pris de bonne heure une prononciation plus ou moins palatale ». Or, en décrivant le *k* (c'est-à-dire l'explosive sourde en général), immédiatement après, il dit qu'il se forme « dans le fond du palais », mais qu'entre ce *k* et un *e* ou *i* s'intercale un *j* (= *j*), et ce phénomène « représente le commencement de la modification subie par la gutturale, laquelle est dès lors en voie de devenir une palatale, soit qu'elle aboutisse à un *kj* (= *cj*), un *tch* (= *tš*) ou un *ts* ». Il est singulier d'appeler « gutturale » une consonne qui se forme « dans le fond du palais »; mais en outre dans *cj* cette « gutturale » n'est pas à vrai dire modifiée : il y a seulement un phonème adventice qui s'y ajoute; dans *ts* il y a une dentale suivie d'une sifflante, il n'y a aucune palatale.

1. Cette époque m'est inconnue.

2. D'après M. Bréal, c'est une tendance très répandue, « une règle commune », dit-il même plus loin, que l'altération du *c* devant *e*, *i*. Il va jusqu'à dire que le latin, s'il conservait le *c* intact, ferait une exception unique. Il y a cependant, comme le remarque M. Gröber (voir ci-après, p. 92, 100), plus de langues qui échappent à cette tendance qu'il n'y en a qui s'y soumettent. Le français prononce *quel*, *qui*, *conquête*, *Pâques* depuis une dizaine de siècles sans altération.

3. M. Schuchardt avait émis une opinion analogue.

transformation. Ce qu'on peut dire, c'est qu'aucun indice quelconque, soit dans les grammairiens, soit dans les textes gravés ou manuscrits, ne vient appuyer l'hypothèse de la prononciation *cj* pour *c* à l'époque romaine : pour ne parler ici que des témoignages graphiques, on ne trouve jamais, par exemple, ce qui arriverait bien probablement si les deux groupes *ce* et *cie* avaient été identiques, *pacie* pour *pace*, ou à l'inverse *face* pour *facie*[1]. L'examen du traitement des mots latins dans les langues étrangères, ou réciproquement, n'est pas moins probant : les doutes que M. Bréal oppose à la valeur démonstrative de la transcription grecque du *c* par *κ*[2] ou de la prononciation du *c* dans les mots empruntés anciennement par les langues germaniques[3]

---

1. Parmi les exemples d'*i* ajouté à tort donnés par Schuchardt (II, 330 ss.), on peut cependant relever *Circiensibus* (44 av. J.-C.) et *riciessit* (370 après J.-C.); mais la même addition, qui n'est le plus souvent qu'un *lapsus*, se rencontre après n'importe quelle consonne. Les formes comme *licientia*, etc., sont au contraire, comme le remarque Schuchardt, dues à l'analogie, ou sont peut-être des « graphies inverses » : *facientem* étant de bonne heure devenu (par analogie) en latin vulgaire *facentem* (Schuchardt, *ib.*, p. 445, *facendo, facendum*), on croyait commettre une faute en écrivant *licentem* comme on savait que c'en était une d'écrire *facentem*, et on écrivait *licientem, licientia*, etc. *Ce* pour *cie* n'est pas moins rare que *cie* pour *ce* : *faces* (p. 444) est une forme archaïque de *facies* et ne se confondait pas pour la prononciation avec ce mot; *undeces* est bien probablement une forme populaire avec recul d'accent; *facendo, facendum* sont des formes analogiques (d'après *dicendo*, etc.); restent *sufficet* et *perficemini* dans deux manuscrits, ce qui équivaut à rien. Si on considère que l'écriture latine possédait le groupe graphique *cie* avec la valeur même assignée à *ce* par M. Bréal, on ne comprend pas comment les lapicides ou les scribes ne s'en seraient pas parfois servis pour noter *ce*.

2. Il faut y joindre naturellement la transcription du *k* grec devant *e, i* par *c* latin (*Cecrops, Cimon*, etc.). M. Bréal se demande si l'on est bien sûr que le *κ* grec lui-même, devant *ε, ι*, n'était pas altéré; mais il reste immuablement jusqu'à nos jours, sauf quelques exceptions dialectales très restreintes, à l'état d'explosive sourde simple. Voir Psichari, *Études de philologie néo-grecque*, p. XLIX.

3. L'idée que les mots allemands comme *keller, kiste, kerbel*, etc., seraient des emprunts savants ne saurait se soutenir : voir le travail de Kluge dans le *Grundriss* de Paul (I, 305-315). Mais, d'ailleurs, si ces mots avaient été empruntés au latin par des savants, c'est donc que, dans la prononciation du latin, le *c* avait la valeur qu'il a en allemand dans ces mots.

ne seront sans doute partagés par personne[1]. Cette transcription et cette prononciation sont parfaitement claires : en grec comme en allemand, comme en français, et pour les raisons mêmes alléguées par M. Bréal, le *c* est physiologiquement autre que le *q* : *Cicero* est donc très exactement rendu par Κίκερων, *cista* par *kiste*[2]. L'examen comparatif des langues romanes nous montre d'ailleurs que dans plusieurs d'entre elles, notamment en roumain, *c* et *cj* n'ont pas été traités de même : ils n'étaient donc pas identiques en latin. Enfin le sarde, tout au moins (sans parler de l'illyrien et du roumain), a conservé le *c* latin intact, ce qui suffit à montrer que l'altération en *cj* est de date récente. Rien ne nous invite donc à nous écarter de l'opinion reçue jusqu'à présent, d'après laquelle le *c* ne différait pas plus en latin du *q* et du *k* qu'il n'en diffère dans toutes les langues. M. Bréal termine son mémoire en disant qu'il espère « avoir raison d'une opinion trop longtemps et trop docilement acceptée ». Si c'est celle qui admettrait dans *coci*, *cicada*, deux *c* « vélaires », elle n'a, comme je l'ai remarqué plus haut, été émise ni acceptée par personne. Si c'est celle qui regarde le *c* latin comme à peu près identique à la consonne initiale du grec κέντρον, κινεῖν, de l'allemand *kennen*, *kind*, du français *quel*, *qui*, c'est-à-dire comme une explosive prépalatale sourde, je crois que cette opinion est parfaitement fondée, et je souhaiterais vivement que la prononciation qu'elle admet pénétrât, avec quelques autres réformes faciles, dans notre enseignement du latin.

---

1. Quelques autres arguments de M. Bréal se laissent également réfuter : ainsi la conservation de l'*u* dans *lacubus* en regard de *manibus* s'explique aisément par l'étroite affinité de l'*u* avec le *q* (écrit ici *c*), etc. Quant au fait que l'ombrien paraît avoir changé *c* en *š* ou en un phonème analogue, il n'a évidemment rien à voir avec la phonétique latine. Quand même l'ombrien serait le « frère jumeau » du latin, ce qui semble un peu excessif, cela ne prouverait absolument rien. Ne voyons-nous pas, dans les domaines linguistiques les plus rapprochés, des développements phonétiques tout à fait indépendants ? Pour le *c* en particulier, cf. ci-après, p. 100.

2. Des remarques analogues à celles-ci viennent d'être présentées sur le mémoire de M. Bréal par M. Seelmann (*Kritischer Jahresbericht der rom. Philologie*, t. I, p. 60).

J'ai dû mettre en tête de ma revue des idées émises sur l'altération du *c* latin en roman la théorie de M. Bréal, parce qu'elle
se sépare de toutes les autres, et, en proposant pour le *c* latin
une prononciation différente de celle qu'on admettait jusque-là,
tend à ébranler la base même de l'évolution de cette consonne
en roman. Mais, avant mon savant confrère, plusieurs philologues, parmi les latinistes et les romanistes, s'étaient occupés
de la question de l'altération du *c* latin. Ce sont leurs dires que
je veux résumer et discuter.

III

L'époque de la transformation de la prononciation du *c* latin
a été diversement fixée. Diez (*Grammaire*, trad. fr., I, 231)
donne, pour ne pas la placer avant le VIIe siècle, des arguments
qui sont aussi bien choisis que clairement exposés : 1° la représentation par *k* du *c* latin dans les mots anciennement empruntés par les langues germaniques (*keller, kerbel, kerker, kicher,
kirsche, kiste*, etc.); 2° la représentation du *c* par *k* devant *e, i*,
dans des chartes de Ravenne de la fin du VIe siècle, et la forme
quaimento pour *caemento* dans une charte mérovingienne de 650;
3° l'adoption du *c* en Grande-Bretagne, à la fin du VIe siècle,
par les clercs romains, pour rendre le *c* anglo-saxon devant *e, i*,
y (*céne, cild, cyning*). — Corssen exprima plus tard la même
opinion; il emprunta les arguments de Diez en y joignant certaines preuves épigraphiques. — En 1866, M. Schuchardt écrit
(*Vokal. des Vulgärlat.*, I, 164) : « Diez et Corssen rajeunissent
trop l'assibilation du *c* en en plaçant l'apparition au VIIe siècle,
le triomphe seulement dans les siècles suivants ». Certains faits
épigraphiques qu'il cite contredisent, suivant lui, cette opinion.
Les graphies des chartes de Ravenne (δεκιμ, φεκιτ, κρουκες, etc.)
ne prouvent rien, car le κ grec est simplement le représentant
graphique du *c* latin. Des arguments tirés par Diez de la prononciation allemande et de l'écriture anglo-saxonne il ne dit
rien. Il remarque d'ailleurs que *c* a dû passer à *tš* ou *ts*, formes
romanes, par les intermédiaires *cj, tj*, et que ces changements
n'ont pu s'opérer que dans de longs espaces de temps. — En
1874, M. Joret, après avoir établi avec netteté (p. 5) la distinc-

tion entre le *c* « vélaire » (*q*, *k*) et le *c* « palatal » (*c*), aborde
(p. 27 et suiv.) la question de l' « assibilation » du *c* prépalatal,
et la résout à peu près comme Diez. Aux transcriptions de
Ravenne il ajoute celle de *pace* par παχε et de *perceptus* par
περχεπτος dans des inscriptions romaines des Catacombes. Il
signale le supplément de preuve qu'apporte la conservation du
c comme explosive dans le sarde logoudorien, « ce qui semble
bien indiquer qu'au moment de la séparation politique de la
Sardaigne et de l'Italie, le *c* avait encore devant toutes les
voyelles sa prononciation gutturale (*l*. sa valeur d'explosive
simple), et que, par suite, on disait alors dans la péninsule,
comme aujourd'hui encore dans le territoire de Logudoru,
kera, *fekit*, ce qui est l'orthographe même des chartes de
Ravenne ». Aux mots de l'ancien allemand cités par Diez il
ajoute les transcriptions gothiques *akeit*, *karkara*, et conclut
ainsi : « Il ressort de ce qui précède qu'au ve siècle et probablement encore au vi^e siècle de notre ère, le *c* (pré)palatal avait
encore, comme le *c* vélaire, un son guttural (était encore une
explosive sourde simple), ou que du moins c'était encore à cette
époque la prononciation généralement usitée. » En note, il
remarque que cette date est un minimum, indiquant ainsi qu'on
pourrait descendre jusqu'au viie siècle. — En 1885, M. Seelmann (*Ausspr.*, p. 332 et suiv.), après avoir établi la prononciation comme explosive du *c* latin devant *e*, *i*, après avoir
reproduit les arguments tirés des transcriptions grecques de
Ravenne, de la prononciation allemande et de l'écriture anglo-
saxonne, et fait ressortir, comme M. Joret, la différence, très
sensible au point de vue de la formation, presque nulle au
point de vue acoustique, entre le *c* « postérieur » (postpalatal et
médiopalatal) et le *c* « antérieur » (prépalatal), conclut :
« Depuis le viie siècle environ, et dans la langue vulgaire peut-
être déjà plus tôt, le *c* antérieur passe insensiblement à une
chuintante ou sifflante gingivale, plus tard dentale [1] ». Plus

---

[1] « In einem gingivalen, später dentalen quetsch-, bezw. zischlaut. » Cela
n'est ni bien clair ni bien exact. Le son chuintant ou sifflant est la continua-
tion non pas du *c* lui-même, mais de l'élément fricatif (*j*) qui était venu
s'adjoindre à lui.

loin (p. 348), il cite, sans doute à l'appui de ce qu'il a dit sur l'ancienneté plus grande de l'altération du *c* dans la langue vulgaire [1], quatre exemples épigraphiques, empruntés à Schuchardt, de substitution de *z* ou *s* à *c* ou inversement, dont l'un remonterait au Ier siècle de notre ère, ce qui ne paraît pas d'ailleurs l'embarrasser autrement. M. Seelmann, sauf cette échappée sur « la langue vulgaire [2] », se rattache donc à l'opinion de Diez, et fait remonter au VIIe siècle l'altération romane du *c* latin.

Une année avant la publication du livre de M. Seelmann, M. Gröber (*Archiv für lat. Lexikographie*, I, 225) était entré dans une voie nouvelle. D'après lui, comme on sait, la langue de chacun des pays romans représente le latin vulgaire tel qu'il était au moment de la conquête de ce pays par les Romains [3].

---

1. On ne sait trop à quel propos ces citations sont faites. Après avoir dit que « l'idiome gallo-latin, qui, pour l'assimilation du *t*, devancé seulement par le latin africain, offrait déjà de si bonne heure *si* + voy. pour *ti* + voy., a laissé peu après (?) aussi *se* devant *i* ou *e* se réduire à une simple sifflante dure » (il cite *consiensia* et *septrum* dans Le Blant, dont le premier offre *scie* et non *sci* ou *sce*; *septrum* est une fausse leçon), l'auteur ajoute : « Weiterhin (?) begegnen sogar schon (?) Schreibungen wie....... » Suivent les exemples épigraphiques donnés par Schuchardt.

2. Il est difficile de comprendre ce que l'auteur entend au juste par là. Il est clair qu'au VIIe siècle le rapport entre « la langue vulgaire » et la langue littéraire n'était pas le même qu'au Ier siècle. Le même homme qui prononçait *cicer* en employant le latin littéraire prononçait-il *tsitser* ou *tšitšer* ou même *siser* ou *šišer* dans la conversation familière ? Ou *cicer* d'un côté, *tsitser*, etc., de l'autre, appartenaient-ils à des couches différentes de la population ? Il y aurait encore bien des points à préciser dans le rapport du latin des livres au latin parlé jusqu'au moment où celui-ci prit conscience de lui-même comme d'une langue distincte en face de l'autre. Ce qui est certain, c'est que lors de la restauration de l'enseignement du latin classique, sous Charlemagne, la prononciation qu'on adopta pour le *c* dans l'empire franc fut *ts* (voir plus loin) : à quelle époque remontait-elle dans l'enseignement scolaire, qui, bien que fort abaissé, n'avait jamais complètement cessé ? On ne peut le dire avec certitude, mais il paraît probable que pour ce point spécial il n'y a pas de différence à faire entre la prononciation du latin d'école et celle du latin parlé : la fixité de la graphie en regard des altérations de la prononciation est une preuve à l'appui de cette opinion.

3. A cette théorie s'oppose celle qu'a adoptée, comme on l'a vu ci-dessus, M. Joret, et d'après laquelle chaque langue romane représente, dans la partie

Or « le *c* et le *g* explosifs devant *e* (*i*) sont encore aujourd'hui conservés en Sardaigne, mais partout ailleurs ils passent à la classe des sifflantes [1]. L'hypothèse d'une assibilation indépendante du *c* et du *g* dans les divers pays romans ne pourrait s'appuyer sur l'existence d'une nécessité phonétique décisive, car dans la plupart des langues *c*, *q* devant les voyelles palatales ne sont pas assibilés [2], et même en sarde ils ne l'ont pas été. D'autre part, faire commencer l'assibilation dès le temps qui a suivi la conquête de la Sardaigne serait se mettre en contradiction avec les données de la grammaire latine. Il faut donc se contenter d'attribuer au *c* et au *g* devant *e*, *i* une formation beaucoup plus nettement palatatale à l'époque qui a suivi la conquête de la Sardaigne qu'à l'époque précédente, formation par laquelle ils ont été nécessairement amenés, dans les autres pays, à passer à la classe des sifflantes. » Pour discuter cette manière de voir, il faudrait savoir ce que l'auteur entend au juste par « une formation beaucoup plus palatale » de l'explosive devant *e*, *i* que devant *u*, *o*, *a*, et si la prononciation qu'il se représente est conciliable avec « les données de la grammaire latine », laquelle, comme nous l'avons dit, n'a jamais signalé même une nuance de prononciation entre *q*, *k* et *c*. — Quoi qu'il en soit, en 1888, M. Meyer-Lübke, dans sa courte esquisse du latin vulgaire (*Grundriss der rom. Philol.*, I, 362), où il apportait d'ailleurs un nouvel élément à la question en signalant la conservation du *c* explosif dans le parler roman de l'île de Veglia (voir plus loin), pousse à ses dernières conséquences la théorie de M. Gröber : « *Ke*, *ki* persiste en sarde et en illyrique, devient *tš* en italien, réto-roman, roumain, ailleurs (c'est-à-dire en Espagne et en Gaule) *ts*. La répartition

---

qui lui est commune avec les autres parlers néolatins, l'état du latin vulgaire au moment où la communication vivante a cessé entre les différentes régions de la Romania. Il y a probablement une part de vérité dans chacune des deux opinions ; c'est une question qui mériterait d'être étudiée à fond. En tout cas la théorie de M. Gröber, très ingénieuse et en certains points vraiment féconde, a entraîné son auteur et ceux qui l'ont suivi à des exagérations systématiques et leur a fermé les yeux sur des faits évidents.

1. Expression inexacte, comme on l'a déjà remarqué.
2. On voit que M. Gröber est loin de juger comme M. Bréal.

géographique de la prononciation gutturale (explosive sourde simple), palatale (*tš*), sifflante (*ts*), concorde si exactement avec les dates de la romanisation que le hasard paraît exclu. » D'après cela, le *c* latin était intact lors de la conquête de la Sardaigne et de l'Illyrie, était devenu *ts* lors de la conquête de l'Espagne et de la Gaule, et *tš* lors de la conquête de la Rétie et de la Dacie. Si cependant nous nous reportons au résumé chronologique que donne M. Meyer-Lübke lui-même (p. 351), nous voyons que la Sardaigne a été conquise en 238, l'Espagne en 197, l'Illyrie après 167, la Gaule du sud en 120, celle du nord en 50, la Rétie en 15 avant J.-C., la Dacie en 107 après J.-C. Laissant de côté cette dernière province, dont il est très douteux que la langue survive dans le roumain, nous voyons que la romanisation de l'Illyrie se place entre celle de l'Espagne et celle de la Gaule, que, par conséquent, conformément à la théorie, on devrait trouver *c* intact en Espagne aussi bien qu'en Sardaigne et en Illyrie. Bien d'autres objections se présentent, qu'il est inutile de faire valoir ici. Ce qui est, pour la question qui nous occupe, d'un intérêt plus direct, c'est la note ainsi conçue : « Que la notation τζε = *ce* n'apparaisse qu'au VIe siècle dans les chartes de Ravenne [1], cela ne veut rien dire. C'était une tradition des scribes d'écrire κε en grec pour *ce* latin ; elle dura jusqu'à ce qu'arrivât une école qui, pour une raison quelconque, rompit avec elle. » Diez avait prévu cette explication des graphies gréco-latines de Ravenne (qui est aussi, comme on l'a vu, celle de M. Schuchardt), mais il y avait opposé un raisonnement très valable : « La lettre grecque représente-t-elle simplement le signe latin *c* ou exprime-t-elle le son guttural ? Comme les scribes (de ces chartes) s'appliquaient visiblement à indiquer partout la prononciation vivante, et écrivaient par exemple αννομερατους, σοσκριψι, λεγιτορ, sans s'occuper de l'orthographe latine, la première alternative est difficilement admissible. » Quoi qu'il en soit, on voit que dans l'opinion de l'auteur de l'esquisse du latin vulgaire l'altération romane de la prononciation du *c* remonte très haut : elle est au moins du IIe siècle avant notre ère. — Dans sa *Grammaire des langues*

---

1. Je renvoie pour ce fait à mon étude épigraphique et paléographique.

romanes, en 1889, M. Meyer-Lübke n'a pas reproduit les idées qu'il avait émises l'année précédente. S'est-il aperçu que les dates de la romanisation de l'Espagne et de l'Illyrie ne coïncidaient pas aussi exactement qu'il l'avait dit avec la façon dont ces pays traitent le *c* ? A-t-il remarqué que le picard-normand a *tš* tout comme l'italien et le roman oriental et que d'autre part *ts* n'est inconnu ni au réto-roman ni au roumain, ce qui rend bien invraisemblable la stratification qu'il avait admise ? Toujours est-il qu'il se contente de dire (§ 403) que « l'histoire de la palatalisation du *c* est enveloppée dans une obscurité complète ».

Des raisonnements d'un autre genre que ceux que nous avons examinés jusqu'ici ont amené récemment M. Pogatscher à conclure que l'assibilation du *c* en gallo-roman était postérieure à la sonorisation des explosives sourdes intervocaliques : l'ancien saxon *acid* = *acetum* notamment nous montre le *c* intact et le *t* changé en *d* (p. 201). Il est vrai qu'il ajoute que le son « que les Saxons entendaient et notaient comme *k* » était cependant *kχi*, et qu'il faut remonter, « pour les tout premiers et très légers commencements de l'assibilation, assez haut dans l'époque républicaine ». Son principal argument, dû évidemment à la théorie de M. Gröber, est que l'Espagne connaît, comme la Gaule, l'assibilation encore inconnue à la Sardaigne ; mais rien n'empêche, comme on le verra, que ces deux développements ne soient indépendants. Il ajoute, ce qui paraît plus frappant, que si *c* n'avait pas été *kχi* quand les explosives sourdes intervocales sont devenues sonores ($p > b$, $t > d$, $c > g$), il aurait dû passer comme elles à la sonore : *placĕre* serait devenu *plagĕre*, d'où n'aurait pas pu sortir *plaisir*. Mais ce raisonnement prouve seulement que *c* était *cj* avant la sonorisation des explosives sourdes : *plaisir* (d'un plus ancien *pladsir* [1]) remonte sans doute à *plagjĕre*, où le *cj* s'était affaibli en *gj* tandis que le *cj* de *cjervu* s'était maintenu, d'où *tserf*. Ces questions concernent d'ailleurs le mode de l'altération du *c* dans les différents domaines romans, auquel je ne m'arrête pas ici ; je veux seulement faire remarquer que la forme *acid* est suspecte [2], étant complètement seule de son

---

1. Je note par ş l'*s* sonore ou douce.

2. Il ne me paraît pas impossible qu'elle remonte à une confusion avec *acidum* : on trouve en latin de la décadence *acidare* pour *acetare*. (Voir *Archiv. für lat. Lexikogr.*, II, 111.)

espèce, au milieu des nombreuses représentations germaniques d'*acetum* qui conservent à la fois le *c* et le *t* [1].

En somme, comme on le voit, l'opinion de Diez, appuyée par Corssen et M. Joret, a été révoquée en doute plus ou moins nettement par MM. Schuchardt et Seelmann d'une part, par MM. Gröber, Meyer-Lübke et Pogatscher de l'autre. Les premiers invoquent des faits graphiques dont je n'ai pas à parler ici : le contrôle auquel je les ai soumis ailleurs prouve que tous ceux qu'on avait cru pouvoir citer antérieurement à la première moitié du vi^e siècle en Italie et à la fin du viiie siècle en Gaule sont à rayer; ceux qui restent n'aboutiraient qu'à reculer d'un siècle environ, et pour l'Italie seulement, la date proposée par Diez. M. Gröber, dont MM. Meyer-Lübke et Pogatscher ont suivi les idées, s'appuie sur des considérations d'un tout autre ordre, à savoir : 1° la correspondance des formes diverses prises par le *c* dans chacun des pays romanisés avec l'époque de la conquête; 2° l'invraisemblance qu'il y aurait à admettre que cette altération se fût produite séparément dans chacun de ces pays. J'ai déjà dit que la correspondance en question est imaginaire, comme M. Meyer-Lübke semble l'avoir reconnu; je parlerai tout à l'heure de la seconde raison de M. Gröber, et je montrerai qu'elle n'est fondée ni en réalité ni en théorie. Je noterai seulement encore à l'appui de l'opinion de Diez (en la restreignant comme je viens de le faire) que ce n'est pas seulement dans l'ancien allemand que nous trouvons, à une époque relativement récente, des mots empruntés au latin vivant dans lesquels le *c* conserve sa prononciation d'explosive sourde simple : c'est le cas également pour des mots latins passés en breton, en irlandais [2], en anglo-saxon [3]. Le fait

---

1. Voir Kluge, *Grundriss* de Paul, I, 308.

2. Voir Pogatscher, *Zur Lautlehre der griechischen, lateinischen und romanischen Lehnwörter im Altenglischen* (Strasbourg, 1888), p. 184 et suiv. : « Dans les mots empruntés anciennement par le kymrique au latin, malgré de nombreux cas de *c* devant les voyelles claires (*e*, *i*), je ne trouve pas un seul exemple qui indique l'assibilation..... Il en est de même dans les mots empruntés au latin par l'irlandais. » Ce jugement est pleinement confirmé pour le breton par le beau livre que vient de publier M. J. Loth : *Les mots latins dans les langues brittoniques* (Paris, 1892).

3. Pour cette dernière langue, où le fait est contestable, voir la note suivante.

relevé par Diez, que les clercs qui, au vi᷎ siècle, notèrent pour
la première fois l'anglo-saxon, attribuaient au *c* de l'alphabet
latin la même valeur devant *e*, *i* que devant les autres voyelles
perd de son importance s'il est vrai, comme l'admettent aujour-
d'hui les savants les plus autorisés, que le *c* anglo-saxon à cette
époque eût déjà subi le commencement de l'altération qui
devait l'amener à *tš* [1]; mais il faut noter que, un siècle ou deux
auparavant, la même application du *c* latin avait été faite au
breton et à l'irlandais, dans lesquels l'explosive prépalatale
sourde n'avait subi aucune altération [2].

IV

L'altération indépendante du *c* latin dans les différents pays
romans où elle s'est produite est rendue vraisemblable par les
faits externes de l'histoire de cette altération tels que nous pouvons les connaître. Les témoignages graphiques, comme je l'ai
indiqué plus haut, semblent attester qu'elle a eu lieu en Italie
sensiblement plus tôt qu'en Gaule (et probablement dans l'Italie du sud plus tôt que dans l'Italie du nord). Mais ce qui, dans
l'ordre des faits positifs, milite le plus puissamment en faveur
de cette théorie est l'examen du sort de l'explosive prépalatale
sourde latine en sarde, en illyro-roman et en roumain. Il montre
clairement qu'on ne peut faire remonter au latin vulgaire, en
définissant ce mot comme je l'ai fait plus haut (p. 78), même un
commencement d'altération dans la prononciation de cette consonne, et par conséquent que l'altération qu'elle a subie en
italo-roman, en hispano-roman, en gallo-roman et en réto-
roman appartient au développement individuel de chacune de
ces langues.

Un des arguments à coup sûr les plus frappants en faveur de
la prononciation latine du *c* comme explosive sourde simple est
la conservation de cette prononciation jusqu'à nos jours dans
le sarde de Logudoru. La connexité de la prononciation sarde

---

1. Voir Kluge, dans le *Grundriss* de Paul, I, 838, et le livre, cité plus
haut, de Pogatscher.

2. Voir Zeuss, *Gramm. celtica*, 2ᵉ édit., p. 67, etc.

avec la prononciation latine a été toutefois révoquée en doute
par un linguiste trop éminent pour que son opinion puisse être
passée sous silence. D'après M. Ascoli (*Arch. glottol. ital.*, II,
143), c'est à tort qu'on a attribué à la prononciation sarde « le
prestige de l'antiquité » ; en réalité, il ne s'agit que d' « une
altération, relativement récente, d'un *č* [1] de phase antérieure ».
Cette thèse hardie a été réfutée avec de bonnes raisons par
M. Gustave Hofmann dans sa méritoire dissertation sur le dialecte de Logudoru et de de Campidanu [2]. A ses raisonnements
purement phonétiques on peut ajouter l'appui de preuves
externes. Les chartes sardes les plus anciennes présentent le
même état des palatales que le parler actuel, et c'est notamment le cas pour le précieux document, écrit en caractères grecs
et remontant à la fin du XIe siècle, que MM. Blancard et Wes-
cher ont publié en 1874 dans la *Bibliothèque de l'École des chartes*.
Il ne saurait s'agir ici de représentation purement graphique
des formes latines, puisque le scribe n'hésite pas à employer
dans plusieurs cas la combinaison τζ pour rendre le groupe phonétique *ts* ; or nous voyons sans exception le *c* latin devant *e*, *i*
simples rendu par *k* (ιούδικι, ἀκίλας = *ancillas*, δονικέλου, κελ-
λάριους, δώδεκη) ou γ (φάγερε = *facere*) [3]. L'évolution phonétique supposée par M. Ascoli se serait donc produite avec
toutes ses phases avant le XIe siècle, ce qui la rend certainement
encore plus improbable qu'elle ne l'est déjà en elle-même.
On peut admettre sans hésitation que le parler de Logudoru a
conservé intacte depuis deux mille ans la prononciation latine
du *c*.

Mais il n'est pas le seul. On a vu plus haut que le *c* avait
gardé sa valeur d'explosive simple aussi dans le dialecte de l'île
de Veglia (sur la côte de Croatie), l'antique Curicta [4], débris
d'une variante romane parlée sans doute jadis dans toute la

---

1. Je laisse de côté la question du *g* devant *e*, *i*, que M . Ascoli traite en
même temps.

2. Marburg, 1885, p. 62, 75.

3. J'ai commencé sur cette charte et les autres monuments les plus anciens
du parler sarde un travail que je compte imprimer quelque jour.

4. Voir Ive, *Arch. glottol. ital.*, IX, 115 s.

Dalmatie et même sur une partie du littoral de la Vénétie [1]. L'albanais, dans son élément latin, nous représente probablement l'état ancien de cette même langue : bien qu'aujourd'hui le *c* latin devant *e*, *i* simples y ait pris la valeur de *cj*, c'est-à-dire à peu près celle que M. Bréal attribue au *c* latin lui-même [2], il s'agit là, on peut le démontrer, d'un phénomène relativement récent, et le *c* latin était encore une explosive sourde simple quand les mots où il se rencontre ont été adoptés par l'illyrien [3]. Ainsi le roman de l'est, comme celui de la Sardaigne n'avait pas altéré, à l'époque ancienne, la prononciation latine du *c*.

A cette conclusion paraît toutefois s'opposer l'état du roumain, qui dans tous ses dialectes, au nord comme au sud du Danube, a transformé le *c* en *ts* ou *tš* [4]. Mais quand on examine de près les sources de ces phonèmes actuels, on arrive à se convaincre que la formation en est relativement récente, et que le roumain ancien, d'où dérivent à la fois le macédo-roumain, le daco-roumain et l'istro-roumain, a dû conserver assez longtemps au *c* latin la valeur d'une explosive simple. Voici les considérations qui me semblent amener nécessairement à cette manière de voir : 1° Tandis que dans les autres langues romanes (le sarde et l'illyro-roman exceptés) le *c* est traité comme le *cj* [5], l'un et l'autre donnant également soit *ts*, soit *tš* (bien que l'altération du *c* dans le second cas soit certainement beaucoup plus ancienne que dans le premier), en roumain [6] ces deux phonèmes ont des représentations différentes : *c* devient

---

1. Voir Meyer-Lübke, *Zeitschr. für rom. Philol.*, X, 601.

2. Voir G. Meyer, dans le *Grundriss* de Gröber, I, 805, 815 ; *Etym. Wörterbuch der alban. Sprache*, Strasbourg, 1891.

3. Voir Meyer-Lübke, *Zeitschr. für rom. Phil.*, X, 601. Le *c* a pris cette prononciation même devant un *e* d'origine récente, répondant par exemple à un *a* latin.

4. Je n'ai pas à m'occuper ici de la répartition de ces deux représentants du *c* latin.

5. Sauf qu'en français et ailleurs encore le *c* en position faible est traité d'une façon particulière, tandis que le *cj* est toujours traité comme le *c* en position forte.

6. Je ne prends mes exemples, pour abréger, que dans le daco-roumain.

tš (*facit* > *falše*, *cervum* > *tšerv*, etc.), mais *cj* devient *ts*
(*faciam*, pour *faciem*, > *fatsă*, *bracium* = *brachium* > *brats*). Il
semble bien résulter de là que l'évolution du roumain est indépendante de celle des langues occidentales, puisqu'elle ne
repose pas, comme celle-ci, sur l'identification de *c* à *cj*. —
2° Une différence plus frappante encore se produit dans le traitement de *sc* et de *scj* : le premier donne *št* (*pascit* > *pašte*, *pis-
cem* > *pešte*), le second simplement *š* (*fascia* > *faša* [1]). Il est
d'ailleurs probable que *št* est ici pour un plus ancien *štš* [2], en
sorte que ce cas ne diffère pas au fond du précédent. — 3° Ce qui
est beaucoup plus probant, c'est que le *qu* devant *e, i* est traité
en roumain comme le *c* : *quid* > *tše*, *quaero* > *tšer*, *neque* >
nitši, *aquila* > *atšera*, etc.[3], tandis que dans toutes les langues
romanes *qu* devant *e, i* a passé à un simple *c* [4], qui s'est maintenu sans altération [5] jusqu'à nos jours [6]. Cela prouve, comme
on l'a vu plus haut pour le français, qu'à l'époque où dans ces
langues *qui, que* ont passé à *ci, ce*, le *c* latin ne se prononçait
plus *c*, puisque le *ci, ce* provenant de *qui, que* s'est maintenu,
tandis que l'autre passait à *tsi, tse* ou *tši, tše*; et qu'en roumain,
au contraire, quand *qu* est devenu *c* devant *e, i*, le *c* était encore
c, puisque les deux consonnes ont subi plus tard le même sort.
Ces remarques suffisent, je pense, à attester pour le roman
oriental une évolution du *c* indépendante de celle des autres

---

1. Le traitement de *scio* > *štiu* est tout à fait remarquable : bien que l'*i*
soit suivi d'une voyelle, comme il est tonique et par conséquent ne devient
pas *j*, le *c* est traité comme devant *i* simple (aux formes de ce verbe où l'*i* est
atone, l'analogie l'a fait traiter de même).

2. Voir Tiktin dans le *Grundriss* de Gröber, I, 447, n° 98, et cf. particulièrement *nescine* (composé avec *cine*) > *neštine*.

3. M. Tiktin, *l. c.*, cite ici *laqueum* > *lats*, mais *laqueum* était *lacium* en
latin vulgaire, et c'est à *lacium* que répond *lats*.

4. Dans l'it. *cinque* (lat. vulg. *cinque*), où l'on attendrait *cinche*, l'*u* de *que*
s'est maintenu probablement sous l'influence analogique de *cinquanta*. (Cf.
esp. *cinco*.) Ce même *u*, avant la réduction générale du *qu* à *c*, a été attiré à
la syllabe tonique dans l'ancien pic. *chiunk* (monosyllabique), actuellement
chunk; le ladin *tšunk* s'explique de même (Cf. Meyer-Lübke, *Gramm.*, § 340).

5. Sauf dans quelques patois modernes; voir ci-après, p. 100.

6. Comparez le sarde *chimbe*, le fr. *cinc* et le roum. *cinci*, de *cinque*.

langues et ayant également pour point de départ la prononciation latine du *c* comme explosive sourde simple [1].

Puisque cette prononciation s'est conservée intacte jusqu'à nos jours en sarde et dans ce qui subsiste de l'illyro-roman, puisqu'elle n'a été altérée en roumain qu'à une époque où toute communication avait cessé entre le territoire de cette langue et les autres parties de la Romania, nous n'avons aucune raison de ne pas admettre qu'en italo-roman, en hispano-roman, en gallo-roman et en réto-roman l'altération du *c* s'est également produite d'une manière indépendante et à des époques diverses. Rien n'est d'ailleurs plus conforme aux données physiologiques qui ont été résumées plus haut. « Il n'y a pas là de nécessité phonétique », dit M. Gröber, citant diverses langues qui n'ont jamais altéré le *c* prépalatal. Non, mais il y a plus qu'une possibilité : il y a une véritable suggestion phonétique, comme le montre l'altération identique de ce *c* dans plusieurs autres langues, dont le savant romaniste cite lui-même quelques-unes. Que cette altération puisse se faire indépendamment dans des parlers même très voisins, c'est ce que suffit d'ailleurs à montrer un coup d'œil jeté sur nos patois. Nous avons aujourd'hui en français un *c* prépalatal qui, sans parler des mots empruntés à des langues étrangères, a trois sources : le *qu* latin devant *e, i* (*quel, qui, quinze, conquête*), le *q* latin devant *ŏ* ou *ō* devenus *ö* (*cœur, rancœur*) [2], le *q* latin devant *u* devenu *ü* (*cul, curé*) : les voyelles *ö* et *ü*, qui n'existaient pas en latin, amènent, pour la formation de l'explosive palatale qui les précède, une position de la langue très voisine de celle qu'elle prend devant *e, i*. Or, nous trouvons en Normandie, par exemple, et à Guernesey *tchö* = *cœur*, *tchü* = *cul*, en Poitou *tchür* = *cœur*, *tchülotte* = *culotte*, en Picardie *tcheur* = *cœur* [3],

---

1. L'altération du *c* en roumain n'en est pas moins fort ancienne, puisque les mots empruntés à l'albanais ou au grec moderne qui présentaient un *c* l'ont conservé intact (voir Joret, p. 176) et sont par conséquent entrés dans la langue après que cette altération était consommée.

2. Je laisse de côté le changement de *ŏ* tonique + *j* en *ui* (*cuir, cuire*), qui produit des résultats analogues, mais qui demanderait quelques explications supplémentaires.

3. Voir Joret, p. 176.

c'est-à-dire que dans le parler populaire de diverses régions éparses dans le nord de la France le *c* prépalatal français a suivi exactement la même évolution que, bien des siècles avant et d'une façon certainement indépendante, avait suivie le *c* prépalatal latin en Italie et plus tard dans la péninsule des Balkans. Et de même que le roman de Sardaigne et de Dalmatie est resté fidèle à la prononciation primitive, de même que l'albanais n'est pas allé plus loin que *cj* [1], nous voyons en France l'immense majorité des parlers vulgaires conserver intacts le *c* prépalatal français, et nous en voyons d'autres qui s'arrêtent à *cj*, comme le parler vulgaire du Cotentin, d'autres qui poussent seulement jusqu'à *tj*, comme plusieurs patois lorrains [2], tandis que ceux qui viennent d'être cités vont jusqu'à *tš*. Le même phénomène se reproduit en ladin, où l'on a, tout comme en poitevin, *tšör*, *tšül*, *tšüra* pour *cœur, cul, curé*, et d'une façon non moins spontanée dans le parler créole de la Trinidad, où nous retrouvons *tšilotte, tšör, tšinze* [3]. Ces faits, dont il serait facile de citer un bien plus grand nombre [4], suffisent à montrer que l'évolution du *c* dans la Romania occidentale (la Sardaigne exceptée) a parfaitement pu se produire et se continuer sur divers points d'une manière indépendante ; ils montrent en outre qu'il n'est pas nécessaire, pour expliquer cette évolution, d'attribuer au *c* latin une prononciation différente de la prononciation normale de l'explosive prépalatale sourde, puisque dans l'ensemble du français (et du réto-roman) le *c* de *quinze, cœur, curé*, etc., est le *c* prépalatal ordinaire.

V

Les conclusions qui me paraissent acquises par cette étude sont les suivantes :

---

1. Au moins l'albanais qu'on peut appeler normal, car dans plusieurs variantes le *c* a progressé jusqu'à *tš* ; voir G. Meyer, *Grundriss*, I, 815.

2. Voir Joret, p. 176, 177.

3. Voir Joret, *l. c.*

4. Voir, sur le parler de Cellefrouin et des environs, les pénétrantes observations de M. l'abbé Rousselot, *Les modifications phonétiques du langage étudiées dans le patois d'une famille de Cellefrouin*, p. 185 et suivantes.

1° La prononciation du *c* en latin ne différait pas de la prononciation normale de cette consonne, c'est-à-dire que le *c* devant *e*, *i* était l'explosive prépalatale sourde simple ;

2° On ne trouve nulle part, avant le vɪᵉ siècle, aucun indice d'un commencement d'altération dans la prononciation du *c* latin ;

3° L'hypothèse d'après laquelle cette altération aurait commencé entre la conquête de la Sardaigne (238 av. J.-C.) et celle de l'Espagne (197 av. J.-C.) est à rejeter comme s'appuyant sur une erreur de fait : en effet, la conservation du *c* intact à Veglia jusqu'à nos jours, en albanais pendant longtemps et en roumain assez tard, prouve que les pays orientaux, romanisés bien après la conquête de l'Espagne, avaient encore reçu le *c* avec la prononciation antique ;

4° L'altération du *c* qui a abouti à *ts* ou *tš* (et de là à des phonèmes encore plus éloignés du point de départ) en Espagne, en Gaule, en Rétie et en Italie a dû se produire indépendamment dans ces différents pays ; l'observation de ce qui s'est passé dans plusieurs parlers français pour le nouveau *c* provenant de *q* nous montre des faits absolument parallèles ; cette altération, d'ailleurs parfaitement conforme aux données de la physiologie, se retrouve indépendamment dans un grand nombre de langues.

[Annuaire de l'École pratique des Hautes Études,
1893, p. 7-37.]

[II]

LES FAITS ÉPIGRAPHIQUES
OU
PALÉOGRAPHIQUES ALLÉGUÉS EN PREUVE
D'UNE ALTÉRATION ANCIENNE DU *C* LATIN.

Contre l'opinion de Diez, qui ne fait pas remonter plus haut que le viie, ou tout au plus que le vi^e siècle, l'altération dans la prononciation du *c* latin devant *e*, *i* (non suivi d'une autre voyelle) qui a abouti à la prononciation actuelle, si diverse, des différents parlers romans, M. Schuchardt, suivi par M. Seelmann, a allégué [1] certains faits graphiques qui attesteraient, à une époque beaucoup plus anciene que Diez ne le dit, tout au moins le commencement de l'altération du *c* dans cette prononciation familière du latin qui est devenu le roman [2]. Ces faits sont de deux ordres : ils appartiennent à des inscriptions ou à des manuscrits. Je m'occuperai d'abord des premiers, en ajoutant à ceux qu'ont réunis les deux philologues dont je viens de dire les noms ceux qu'on pourrait être tenté de joindre à leur liste. Or il résulte de cette révision générale, chose assurément très frappante, que *tous* les exemples qu'il a été possible de contrôler doivent être rayés pour une raison ou pour une autre. Je dois presque toutes les vérifications épigraphiques que je vais communiquer à mon savant confrère M. Edmond Le Blant, ou, pour dire plus exactement les choses, j'ai incorporé

---

1. H. Schuchardt, *Vokalismus des Vulgärlateins*; E. Seelmann, *Die Aussprache des Lateins*.

2. J'ai essayé de soutenir le bien fondé de l'opinion de Diez dans une dissertation qui a paru en tête de l'*Annuaire de l'École des hautes études* pour 1893.

à ce mémoire, en y faisant çà et là quelques additions, une note qu'il a rédigée sur le sujet dont je m'occupais en même temps, et qu'il a bien voulu m'abandonner. Cette partie du présent mémoire est essentiellement de lui ; j'ai indiqué par des guillemets les passages que je lui ai textuellement empruntés.

Avant de procéder à l'utile revision des faits dont il s'agit, il est bon de présenter quelques observations sur leur nature. Ils nous montreraient, s'ils étaient attestés, *z* écrit pour *c* ou l'inverse, *s* écrit pour *c* ou l'inverse. Or rien, de prime abord, ne serait plus invraisemblable que l'un ou l'autre de ces phénomènes. Examinons d'abord le premier cas. Le passage du *c* prépalatal à *ts* ou à *tš* a dû se faire, comme on l'a souvent remarqué, par l'intermédiaire de *cj*, puis de *tj* (*j* = *j* allemand ou italien); la valeur de *ts* ou *tš* que pourrait marquer le *z*, n'est que subséquente à ces deux premières phases de l'altération : il serait donc bien surprenant de voir, dès le temps de l'empire romain, cette dernière étape atteinte, tandis que les deux précédentes n'auraient laissé aucune trace. Mais en outre il faut remarquer que le *z*, qui, dans l'usage correct du latin, avait certainement la valeur *ds* (*s* = *s* douce), avait pris, dans l'usage commun des bas siècles, la valeur de *dj*, si bien qu'on trouve très souvent *z* pour *di* devant voyelle (lequel, de son côté, était devenu égal à *j*), et pour *j* même [1]. Dans ces conditions, comment le *z* aurait-il pu servir à rendre le son *ts*? On pourrait imaginer qu'il représente le son *tj* ; mais la différence entre *tj* et *dj* est trop sensible pour qu'on admette facilement une pareille confusion. — Quant à croire que dès l'époque romaine ou peu après le *c* ait eu en Italie ou en Gaule la valeur de *s*, c'est contredire toutes les données de la phonétique historique, qui nous apprend que cette atténuation de *ts* en *s*, propre à la France, y est très moderne et ne s'est pas produite avant le XIIIe siècle. Les graphies qui nous présentent *z* ou *s* pour *c* ou l'inverse sont donc, *a priori*, extrêmement suspectes. Nous allons voir qu'en fait elles n'existent pas, du moins dans les inscriptions.

---

1. Voir Schuchardt, *Literaturbl. für germ. und rom. Philologie*, 1884, col. 62.

Les cas allégués par MM. Schuchardt et Seelmann [1] et ceux qu'on peut relever après eux, sont d'ailleurs fort peu nombreux. Ils se divisent en deux groupes : ceux où *c* serait remplacé par *z* (ou *vice versa*), ceux où *c* serait remplacé par *s* (ou *vice versa*).

$$Z = C, \ C = Z.$$

CETAES se lit dans une inscription fort obscure, apparemment du 1er siècle après J.-C., publiée par Maffei et Orelli et en dernier lieu dans le *Corpus* (V, 278). Maffei a supposé que *cetaes* était pour *zetaes*, et a voulu reconnaître dans *zetaes* une manière d'écrire *diaetaes* (pour le grec διαίταις). M. Schuchardt remarque (I, 163) : « Cela me paraît très douteux, d'abord parce qu'un *z* remplaçant le *di* de *diaetaes* serait doux, au lieu que le *c* ne peut représenter qu'un *z* dur. » Cela n'a pas empêché M. Seelmann (p. 348) d'admettre « *cetaes* (= *zetaes* pour *diaetaes*) », en renvoyant au t. V du *Corpus* (lequel n'avait pas paru quand M. Schuchardt publiait son volume). S'il avait lu cependant le commentaire de M. Mommsen sur cette inscription, il y aurait vu que le mot *ceta*, qui se retrouve dans Tacite et dans Pomponius Secundus (allégué par le grammairien Charisius), est un mot proprement padouan, dont le sens précis n'a pu être établi, mais qui désigne certains jeux particuliers à

---

1. M. Seelmann s'est borné, en fait, à emprunter quatre exemples à son prédécesseur, et nous verrons qu'il n'a pas toujours pris la peine de les contrôler sur les publications faites entre les deux livres.

Je laisse de côté le grec *sc*, qui présente des conditions spéciales et demanderait une étude à part ; je noterai cependant ici que parmi les exemples apportés par M. Schuchardt pour la réduction des *sc* à *ss* (I, 145 ; III, 75) ou à *s* (I, 165), plusieurs doivent être rayés, ainsi REQVIESIT dans une inscription de Pouzzoles « a été rétabli par M. Mommsen (*Corpus*, X, 2792) dans sa vraie forme, REQVIESCIT » ; SEPTRVM dans l'épitaphe de saint Cloud (Le Blant, 209) est une mauvaise lecture de l'abbé Le Beuf. « En effet, une copie figurée de ce monument, aujourd'hui perdu, que possède la Bibl. nat. (fonds Bouhier, no 49, fo 45 ro), montre qu'une cassure longitudinale de la pierre avait à peu près enlevé une lettre au même endroit de chacun des quatre vers, et indique par un pointillé les traces encore visibles du C de SCEPTRVM. »

la ville de Padoue, et qu'en tout cas il ne peut rien avoir à faire avec le grec *diaeta* ou un imaginaire *zeta*.

PAZE pour PACE est cité par M. Schuchardt (I, 163) et reproduit par M. Seelmann (p. 348), d'après Muratori. Mais « Muratori (*Inscript.*, 1915, 3) n'a enregistré cette inscription que de seconde main et d'après Doni (*Inscript.*, p. 246). L'original ne s'est pas retrouvé, et une autre copie, donnée par Gudius (*Inscr.*, p. 569), porte : IN PACE. La lecture de Doni est donc fort suspecte ».

A ces deux seuls exemples qui, comme on le voit, disparaissent, joignons-en un qui nous montrerait le grec Ө pour *c*, et qui n'est sans doute pas plus authentique. « La forme IN PAӨE, dans une épitaphe donnée par Bosio (*Roma sotterranea*, p. 408), serait fort intéressante, d'autant plus que cette épitaphe est datée de 383. Mais ce petit texte, dont l'original est perdu, présente diverses étrangetés qui ne permettent pas de l'admettre sans réserves (voir de Rossi, *Inscr. chr.*, n° 325). »

$$S = C, \quad C = S.$$

CEVERIANVS est cité par MM. Schuchardt (I, 163) et Seelmann (p. 348), d'après le recueil de M. Frœhner (*Inscr. terr. coct. vas.*, 697, Heddernheim, Nassau). M. Mommsen, que j'ai consulté, a bien voulu me faire savoir que l'estampage de cette inscription, copié pour lui par M. Zangemeister, porte comme première lettre « non pas un C, mais évidemment une S avec la boucle inférieure peu marquée ».

« Dans une inscription trouvée aux Catacombes de Rome, c'est-à-dire d'une date encore ancienne, qu'a vue Boldetti (*Osservazioni*, p. 460), le mot *fecit* serait écrit *fesit*. Cette inscription existe-t-elle encore ? Est-elle perdue ? La copie que nous en possédons seule est-elle exacte ? C'est ce qu'il m'est impossible de savoir. »

CIMVL = SIMVL (Perret, *Catac. de Rome*, LXXIII, 8; Schuchardt, I, 163). « Dans cette inscription, qui se retrouve chez de Rossi, *Inscr. chr.*, I, n° 288, la première lettre est non un C, mais un G; il est donc évident qu'on n'a là qu'un simple *lapsus* du graveur. »

CIRIAM = SYRIAM (Janssen, *Mus. Lugd. Batav. Inscr.*,

pl. XXI, 1; Schuchardt, I, 163). « Voir le *Corpus*, t. VIII, n° 1039 (l'inscription vient de Carthage). Où Janssen avait lu IN INFIMAM CIRIAM, il y a INTRA MACERIAM. »

FILO DVLSISSIMO (*Bullettino dell' Instituto archeologico*, 1839, p. 134; Schuchardt, III, 84). Voir *Corpus*, t. V, pl. I, n° 945, où est rétablie la vraie leçon : FLIO DVLCISSIMO. *Descripsi*, dit M. Mommsen.

FES[*it*] (Fröhner, *Inscr. terr. c.*, 546, Wiesbaden; Schuchardt, I, 163; Seelmann, p. 348). « Où la copie suivie par M. Fröhner donne CAPIFES, M. Steiner (*Corpus inscr. rom. Rheni et Danubii*, t. I, p. 330, n° 691) transcrit d'après l'original CAPIFEC. »

L'emploi du groupe *tce* pour *tie*, où *ti* avait pris très anciennement, comme on sait, la valeur *tj*, pourrait encore attester une prononciation sifflante de *c* devant *e* [1]. On le trouverait dans une inscription des Catacombes (*e coemeterio Calepodii*) imprimée par A. Mai (*Script. vet. nova coll. Vatic.*, t. V, p. 422), et reproduite par M. Schuchardt (I, 26) : BINCENTCE CONIVCI. « Les plus récentes inscriptions des Catacombes n'étant pas postérieures à 410, un exemple de *c* prononcé *ts* à cette époque est bien suspect. Or, encore ici, nous ne possédons pas l'original, et Mai lui-même ne l'avait pas sous les yeux. Il donne l'inscription d'après une copie tirée *e schedis sacrar. pontificii*, c'est-à-dire des papiers de Marini, dont Mai fut l'éditeur après la mort de celui-ci. Peut-être sur le marbre envoyé à Pistoja y avait-il BINCENTIE. »

Ainsi les exemples épigraphiques qu'on a cités ou qu'on pourrait alléguer [2] en preuve de la transformation ancienne de la

---

1. On rencontre en effet quelquefois, mais à une époque bien plus récente, ce groupe employé à rendre le son *ts* : p. ex. *manatce* dans *Eulalie*. Quant à *intcitamento* (Schuchardt, I, 26), ce n'est sans doute qu'une faute, qui d'ailleurs ne prouverait rien.

2. Un AVREL·SESARION figure dans une inscription d'Alexandrie du temps des Antonins (*Corpus*, III, n° 14; Schuchardt, I, 163), et l'on pourrait reconnaître dans ce nom une forme altérée de *Caesarion*, mais ce serait sans raison. Voici ce que M. Mommsen a bien voulu m'écrire à ce propos : « Je ne vois pas pourquoi on voudrait changer le nom, sans doute barbare, de

prononciation du *c* sont tous faux, tous ceux du moins qu'il est possible de contrôler, ce qui rend plus que suspects les deux qu'on ne peut vérifier sur l'original. « Aucun des marbres antérieurs au VIIIᵉ siècle qui ont passé sous mes yeux, dit M. Le Blant, ne présente une marque d'altération dans la prononciation du *c* devant l'*e* ou l'*i* non suivi d'une autre consonne. »

En regard de cette constatation, il faut placer le fait de la persistance, jusqu'à une époque relativement très avancée, de confusions graphiques [1] qui, à l'inverse, attestent que le *c* avait gardé sa valeur d'explosive sourde et simple. Je citerai, en profitant encore ici des indications de mon savant confrère, les transcriptions grecques ΦΙΚΙΤ, ΙΝ ΠΑΚΕ dans les Catacombes [2], celles des chartes de Ravenne qu'a relevées Diez, une coupe de verre trouvée à Podgoritza où le génitif *ceti* est écrit *queti* [3], une pierre d'Eberstein où nous lisons INPAKE [4],

---

Sesarion, pour en faire le diminutif de *Caesar*. L'inscription est publique et écrite correctement ; elle met la diphtongue *ae* où elle doit être : il faudrait donc admettre deux fautes dans ce seul nom. Au reste le diminutif *Caesarion* n'appartient pas à ce genre de nomenclature ; en dehors du bâtard bien connu de César, je l'ai cherché en vain dans l'épigraphie romaine et grecque ; changer ici *Sesarion* en *Caesarion* serait bien inutilement substituer un ἅπαξ λεγό-μενον à un autre. » — Il est bien clair que la graphie CACROVIR, que me signale M. Le Blant sur un vase dit *samien*, du musée de Clermont-Ferrand (*Mém. de l'Acad. de Clermont-Ferrand*, n. s., t. VI, p. 427), est due, si elle est exacte, à un *lapsus* (à moins qu'il ne s'agisse de l'emploi du sigma « lunaire », voir Cagnat, *Man. d'épigr. rom.*, 2ᵉ éd., p. 21), et n'a en tout cas pour nous aucune valeur. — Mon savant confrère me communique encore la note suivante : « Caylus (*Recueil d'antiquités*, t. IV, p. 172) donne CIPIA-ΚΑΛΗ comme étant l'inscription d'une bague de bronze doré, et traduits : *Ciria pulchra*. Mais la lecture est mauvaise, car la planche LVIII, nᵒ 6, à laquelle il renvoie, donne une reproduction de l'anneau avec la légende, très fréquente sur les bijoux de cette espèce, KIPIAKAΛH, c'est-à-dire κυρία καλή, *domina pulchra*. » Même si elle était réelle, la faute, appartenant à une inscription grecque, n'aurait d'ailleurs pas d'intérêt pour nous.

1. On pourrait noter ici le fréquent échange des groupes *cy* et *qui*, dont M. Duvau vient de donner des exemples (*Mém. de la Soc. de ling.*, VIII, 188); mais en réalité il appartient à un tout autre ordre de faits.

2. Fabretti, *Inscr. domest.*; *Corp.*, V, nᵒ 250.

3. Le Blant, *Études sur les sarcophages d'Arles*, pl. XXXV.

4. Le Blant, *Inscr. chr. de la Gaule*, nᵒ 344.

OVPCIKINOΣ = *Ursicinus* à Trèves dans une inscription du
vᵉ siècle [1], IN PACAE dans une inscription de Molles (Allier)
du viᵉ siècle [2], et la marque de fabrique OFIKINA LAVRENTI
ou LAVRENTIV qui a fait, il y a quelques années, l'objet d'un
intéressant mémoire de M. Deloche [3] : cette inscription si probante est de la fin du viᵉ siècle. On le voit, la contre-épreuve
est aussi défavorable que l'épreuve à l'hypothèse d'une altération de la prononciation antique du *c*, au moins en Gaule,
avant la fin du viᵉ siècle.

Si des inscriptions nous passons aux manuscrits, nous nous
trouvons dans des conditions différentes de date et de provenance. C'est en Gaule que l'usage de graver des inscriptions,
surtout funéraires, sur la pierre s'est conservé le plus tard, et
là, comme nous l'avons vu, jusqu'à la fin du viᵉ siècle, ces
inscriptions nous attestent la préservation de l'antique prononciation du *c*. C'est au contraire en Italie qu'ont été copiés nos
plus anciens manuscrits, ou du moins ceux qui présentent les
premières traces de l'altération du *c*, et là elle paraît remonter
sensiblement plus haut. Nous voyons ensuite des traces semblables se manifester en Gaule ; on n'en a relevé, à ma connaissance, ni en Espagne, ni en Angleterre ; mais cela peut tenir
à bien des causes. Je vais indiquer celles qui ont été signalées
jusqu'à présent dans des manuscrits ou des diplômes ; peut-être
pourrait-on en augmenter le nombre ; mes lectures ne m'en
ont pas fourni d'autres.

J'écarterai d'abord les exemples erronés ou non probants.
A ce dernier genre appartient *erycisceptro* pour *erysisceptro* (Schuchardt, I, 163) dans le *Veronensis* de Pline, qu'on attribue
au ivᵉ ou au vᵉ siècle : les mots grecs insérés dans un texte

---

1. Le Blant, *Nouveau recueil des inscriptions chrétiennes de la Gaule*, n° 374.
2. *Ibid.*, n° 224.
3. *Mém. de l'Acad. des inscr.*, t. XXX, 2ᵉ p., p. 365 ; cf. *Romania*, XIII,
485. — On pourrait encore signaler PVLCER dans une inscription d'Aix (Le
Blant, n° 624) et ARCEPRB dans une inscription de Brives (arrᵗ d'Issoudun)
de la fin du viᵉ siècle (Le Blant, *Nouveau recueil*, n° 222 A) ; mais ces graphies sont moins probantes, surtout la première, l'orthographe ayant, comme
on sait, beaucoup hésité entre *pulcer* et *pulcher*.

latin étaient souvent écrits en caractères grecs, et le premier sigma d'ΕΡΥCΙCΚΗΠΤΡΟΝ a été machinalement transcrit par *c*. — *Cygostaten* pour *zygostaten* serait écrit, d'après l'éditeur du *Codex Theodosianus*, Hænel, par la *prima manus* dans le *Tilianus* ou *Vaticanus*, lequel remonterait au commencement du VIᵉ siècle (Schuchardt, I, 163). M. Léon Dorez, membre de l'École française de Rome, a bien voulu regarder pour moi ce manuscrit (*Regina* 886, fᵒ 284 rᵒ, l. 11), qu'il ne croit pas d'ailleurs plus ancien que la fin du VIIᵉ siècle, et il a constaté que Hænel s'était trompé : la *prima manus* avait écrit *gygostaten*, dont la *secunda manus* a barré le *g* pour le remplacer par *z* ; cette faute n'a donc rien à faire avec l'histoire du *c*.

J'arrive enfin à des exemples qui me paraissent authentiques et qui nous montrent réellement la nouvelle prononciation du *c* établie ou en train de s'établir. Le plus ancien se trouve dans le *Fuldensis* du Nouveau Testament, que l'évêque Victor de Capoue a revu en 546 et qui avait été écrit pour lui [1]. On y lit *cathezizatur* et *cathezizat* pour *catechizatur* et *catechizat* (*Gal.*, VI, 6). Il n'y a pas à s'arrêter à cette circonstance qu'il s'agit d'un *ch* = χ grec, car *ch* = χ et *c* étaient identiques en latin vulgaire. Nous avons ici la preuve de deux faits intéressants : l'un qu'au VIᵉ siècle le *z* avait pris dans l'usage scriptural du latin la prononciation *ts* [2], l'autre que dans le sud de l'Italie, dès la première moitié du VIᵉ siècle, le *c* se prononçait *ts* [3].

---

1. Voir Lachmann, *Novum Testamentum graece et latine editum* (Berlin, 1842), t. I, p. XXVII.

2. C'est ce que prouve aussi, mais pour une époque bien postérieure, la notation par *z* du *c* des mots empruntés par l'allemand au latin officiel de l'empire franc, comme *zelle*, *zins*. Dans les gloses de Reichenau (voir plus loin) le *z* paraît avoir, d'une part, la valeur qu'il avait plus anciennement (*bulzia* 1096 est le fr. *bouge*, s. d. d'un lat. vulg. *bulgia*, et *bulziolas* 419 en est un diminutif), et, d'autre part, la valeur nouvelle : il ne peut signifier que *ts* dans *avorteliz* 827.

3. On pourrait être tenté de révoquer en doute la valeur de cette graphie, parce qu'il s'agit d'un mot grec qui ne faisait pas partie du latin parlé. Mais ce ne serait pas légitime : c'est parce que le mot n'était pas familier au scribe qu'il l'a écrit en s'écartant de la graphie ordinaire · d'ailleurs il l'a écrit deux fois, ce qui exclut l'idée qu'il aurait machinalement répété d'avance le *z* de *cate-*

Un second témoignage, celui-là assez embarrassant, se rencontre dans une charte de Ravenne de 591 (Marini, n° cxxii). Il y est plusieurs fois question d'un personnage, évidemment d'origine barbare, dont le nom se présente sous les formes *Tzitano, Tzitani, Tzittane, Tazittane, Zitane* (l. 5, 71, 74, 86, 92, 98) [1]: Dans les quelques lignes en caractères grecs insérés dans le même document, ce nom revêt la forme Κειτανε. Le χ grec n'ayant jamais pu signifier *ts*, il faut admettre que le scribe a transcrit un texte latin qui portait *Citane*, ce qui du même coup indiquerait que le *c*, à la fin du vi[e] siècle, se prononçait parfois *ts*, et jetterait du doute sur la valeur de toutes ces transcriptions grecques (on trouve dans ces mêmes lignes συνκεια-ρουμ, Ρουστικειανε, δωνατρικαι, etc.). Toutefois le fait est tellement isolé qu'on hésite à lui accorder autant d'importance. La leçon de Marini est-elle bien assurée? On serait tenté de supposer que l'original porte Ζειτανε.

Quoi qu'il en soit, nous retrouvons un exemple assuré de la substitution de χ à *c* en latin dans le *Bernensis* qui contient la traduction d'Eusèbe et qui a été exécuté entre 627 et 699. On y lit *vatizinatur* et *vatizinati* (éd. Schœne, 139 v. 169 c, voir Schuchardt, III, 84). Ce manuscrit est très probablement italien [2].

C'est encore à l'Italie qu'appartient la forme curieuse *inimisitia*, qui apparaît trois fois dans l'édit de Rotharis de 640 (Schuchardt, III, 84), deux fois dans le seul *Vercellensis*, et une fois dans les trois manuscrits qu'on en a (*Vercellensis, Caven-*

---

chizat. Une graphie semblable (*cathazizat*) se retrouve dans des gloses latines-allemandes de la fin du viiie siècle (Schuchardt, I, 163), où elle n'a plus, naturellement, le même intérêt.

1. C'est, comme l'a remarqué Marini (cf. Schuchardt, I, 163), le même nom qui se retrouve dans un acte de 568, imprimé par Muratori, sous la forme *Tzitanus*.

2. Il est vrai qu'il se trouvait en France, et sans doute à Saint-Benoît-sur-Loire, en 699 (voir Schöne, t. II, p. xi); mais la mention de l'empire d'Héraclius, à l'exclusion de toute autre date que celle de la création, dans la note chronologique finale indique, si je ne me trompe, que le manuscrit (en onciales) a été écrit en Italie, peut-être au Mont-Cassin, d'où il aura passé à Saint-Benoît-sur-Loire.

sis, Eporedensis). Il n'est pas probable qu'on ait nulle part à cette époque prononcé *s* pour *c* [1]; la graphie *si* doit être pour *tsi*, et elle peut s'expliquer par le voisinage de *tia* et la difficulté de noter le son nouveau du *c* : écrire *ts* paraissait trop barbare, et le scribe ne connaissait sans doute pas le nouvel emploi du *z*.

Ces divers exemples semblent bien attester pour l'Italie, au sud dès la première moitié du vi^e siècle, au nord dès la fin du même siècle ou le commencement du suivant, la prononciation du *c* comme *ts*. En Gaule, nous ne trouvons rien d'aussi ancien. Ni les manuscrits de la loi salique, ni ceux de Grégoire de Tours, ni la vie de sainte Euphrosyne publiée par Boucherie, ni les textes mérovingiens édités avec fidélité par M. W. Arndt, ni les recueils de formules où apparaissent tant de graphies vulgaires, ne nous offrent de notations qu'on puisse interpréter dans le sens d'une altération de la prononciation du *c*. Les diplômes en fourniraient deux, à en juger par les éditions, mais ils sont plus que suspects.

Pour *z = c* nous lisons *zeterorum* dans un acte de l'an 700 publié par Pardessus (*App.*, XIII; Schuchardt, I, 163); mais cet acte n'existe que dans une copie peu ancienne, et cette forme ne mérite aucune confiance.

A plus forte raison en est-il ainsi pour la graphie *sisternae* dans un autre acte du recueil de Pardessus. Celui-là serait, dit-on, de 528 ou même de 515 (Diez, I, 234, n.), c'est-à-dire d'une époque où la substitution d's à *c* est inadmissible; mais c'est, comme l'a montré M. Julien Havet, un faux fabriqué au ixe siècle, et les copies qui nous l'ont conservé, bien posté‑ rieures même à cette date, n'offrent aucune garantie de fidélité [2].

Il faut arriver jusqu'aux célèbres gloses de Reichenau [3] pour trouver enfin des preuves certaines de la transformation accomplie dans la prononciation du *c*. On sait que ce précieux recueil

---

1. Je ne puis regarder *sythara* (Schuchardt, III, 84) dans un manuscrit de Darmstadt de Censorinus (éd. Jahn, 30, 14) qu'on attribue au viie siècle que comme un *lapsus* sans signification.

2. *Bibliothèque de l'École des chartes*, XLVIII (1887), p. 213.

3. L'édition la plus complète et la meilleure est en tête de l'*Altfranzösisches Lesebuch* de MM. Fœrster et Koschwitz (Heilbronn, 1884).

se compose de mots latins bibliques difficiles à entendre,
accompagnés de synonymes restés dans l'usage familier ; il a été
rédigé en Gaule à la fin du viiie siècle ou au commencement
du ixe [1]. Le glossateur met généralement bien l'orthographe
latine ; mais quand il a affaire à des mots qui n'étaient pas
connus en latin classique, il lui arrive d'hésiter entre des notations qui étaient devenues équivalentes ou d'en introduire de
toutes nouvelles. Or il résulte de quelques-unes de ces graphies
que le *cj*, le *tj* appuyé et le *c* devant *e*, *i* avaient pour lui la
même valeur [2], et que cette valeur était *ts*, comme le prouve
la façon dont il écrit un mot d'origine obscure [3], *anetsare*, qui
signifie « forcer, contraindre » : il le donne sept fois, six fois
avec *ts* et une fois avec *ti* (*anetiaverunt* 451, —*anetsaverunt* 695,
829, *anetsaverit* 509, *anetset* 860, *anetsatus* 720, *anetsor* 865).
Or il écrit *manaces* 157, forme déjà toute française, à côté de
manatial 131 ; il donne de même *fruncetura* 1067 et *sorcerus*
1094, où le *c* a certainement la valeur de *ts* [4].

La preuve apportée par le glossaire de Reichenau touche à vrai
dire la prononciation du latin dans les écoles ; il en est de
même de celles que fournissent les emprunts faits, à partir du
règne de Charlemagne environ, par l'allemand au latin écrit,
emprunts dans lesquels on voit le *z* remplacer régulièrement le
c (*zelle*, *zins*, etc.). Mais on est fondé à admettre que la prononciation scolaire et la prononciation vulgaire ont en cela

---

1. Ceux qui ont vu le manuscrit l'attribuent au viiie siècle ; mais on vieil-
lit presque toujours ces manuscrits. La nature même de ce glossaire montre
qu'il appartient à l'ensemble des travaux de rénovation des études grammaticales et bibliques qui fut inauguré par Charlemagne.

2. Je ne cite pas les nombreux exemples de l'équivalence de *tj* et *cj* : ils
n'ont pas d'importance à une si basse époque.

3. On pourrait croire que ce mot est le latin *initiare* ; le sens s'y laisserait
plier, et le changement d'*in* en *an* n'aurait rien d'insolite (cf. *ansidiis* 604 et
Romania, XIX, 451) ; mais le *tj* étant en position faible aurait dû se prononcer *dz*, et il paraît plus prudent de réserver toute hypothèse sur l'origine de
ce mot.

4. Ou de *ts*, si on admet que le picard-normand *ts* est plus ancien que le
français *ts* et lui a servi de base, ce que pour ma part je ne crois pas vraisemblable.

marché d'accord, et puisque la première était altérée en ce point à la fin du viiie siècle, on doit croire qu'elle l'avait été plus anciennement : la restauration du latin classique sous Charlemagne a dû trouver la nouvelle prononciation du *c* bien établie, sans quoi elle aurait maintenu l'ancienne. Rien n'empêche de faire remonter jusqu'au viie siècle le commencement au moins de cette nouvelle prononciation, que nous ne constatons que quand elle a atteint la phase relativement récente *ts*. L'étude du *c* gallo-roman et du rapport de son évolution avec les autres phénomènes de transformation phonétique qui ont abouti à l'état subséquent du latin vulgaire de Gaule nous engage à faire remonter les commencements de cette évolution aussi haut que nous le pourrons légitimement. Cette étude dépasserait beaucoup les limites du présent mémoire ; elle trouvera sa place ailleurs. Je me bornerai ici à appeler l'attention sur deux points spéciaux. La transformation du *c* est certainement antérieure à la réduction du *qu* de *qui*, *quem*, à *c*, puisque autrement l'initiale de ces mots aurait suivi le sort des autres *c* en position forte. Or *qui* était réduit à *ci* au ixe siècle, comme nous l'indique la graphie *chi* dans *Eulalie*. La transformation est également antérieure à la chute des ultièmes et pénultièmes atones ; car si *placet* fût d'abord devenu *placl*, on aurait eu *plait* et non *plaist*, lequel remonte à *pladşet* (de même *acinum* n'a pu donner *aisne* qu'en passant par *adşenu* et non par *acnu*). Or les *Serments* de 842 nous font voir la chute des atones entièrement accomplie, et déjà quelques graphies échappées aux scribes des glossaires de Reichenau et de Karlsruhe attestent qu'elle avait eu lieu au viiie siècle. Elle a pour pendant la chute des atones immédiatement protoniques non initiales, qui n'était pas non plus accomplie quand le *c* s'est modifié, car *vidşenatu* seul, et non *vicnatu*, a pu servir d'intermédiaire entre *vicinatum* et l'ancien français *visné*. Il est donc tout à fait vraisemblable que c'est dans le courant du viie siècle que s'est produite en Gaule la transformation du *c* devant *e, i* non en hiatus.

[*Comptes rendus des séances de l'Académie des Inscriptions
et Belles-Lettres*, 1893, p. 81-94.]

[III]

[LE MODE ET LES ÉTAPES DE L'ALTÉRATION DU *c*
EN GALLO-ROMAN [1]].

I. — Le *c* en position forte (c'est-à-dire commençant la syllabe initiale ou une syllabe médiale après consonne) et le *c* en position faible (intervocalique) n'ont pas reçu le même traitement. Pour nous en tenir au gallo-roman, le *c* fort (qu'on me permette cette expression abréviative) est traité comme *tj* fort ou *cj*, le *c* faible comme *tj* faible, c'est-à-dire que l'un devient *ts*, l'autre *dʒ* (*ʒ* désigne l's douce ou sonore). On a donc, d'un côté, *tsera, tservo, tsertsella, partsella* [2], *poltsino, poltse, faltse, mertse* (comme *fatsa, litsa, menatsare, solats, matsa, captsare, partsone, cantsone, fortsare, avantsare*, etc.), de l'autre *vedʒino, redʒente, madʒellare, nodʒita, audʒello, padʒe, vedʒe, berbidʒe, nodʒe,*

---

1. [Gaston Paris avait rédigé d'un seul jet, en 1892, un mémoire intitulé *L'assibilation de c devant* e, i, dont le manuscrit a été retrouvé dans ses papiers. La première partie de ce mémoire, remaniée et augmentée d'une introduction sur la nature physiologique des consonnes palatales et de conclusions, est devenue l'étude sur *l'altération romane du c*; de la deuxième, l'auteur avait tiré la lecture faite à l'Académie des Inscriptions, le 17 mars 1893, sur *Les faits épigraphiques ou paléographiques allégués en preuve d'une altération ancienne du c latin*; en 1904, l'on a imprimé dans la *Romania*, d'après l'autographe de 1892, la troisième partie, en modifiant la terminologie conformément aux idées émises par Gaston Paris dans la première des deux études qu'il avait publiées. A cette dernière partie fut jointe la reproduction de quatre feuillets relatifs au même sujet, mais qui le considèrent sous un autre angle. Ces feuillets sont d'un format différent du reste de l'article ; ils semblent avoir été écrits postérieurement à l'article lui-même et en vue de la publication séparée de la troisième partie; mais le raccord n'a pas été fait et il y a, au point de vue de la chronologie des étapes de l'altétion du *c*, entre ce second texte et le premier, de légères différences.]

2. Pour particella; nous avons ici un cas de chute d'*i* atone antérieure à l'altération du *c* : il s'agit d'une première chute d'atones différente de celle qui caractérise le gallo-roman.

pladşel (comme *radşone, menudşa, predşone, paladşo, envedşare,* etc.).

Occupons-nous d'abord de ce second groupe.

Le nouveau diphonème [1] *dş* est commun à toute la Gaule; de bonne heure il a été noté par *z*. Il s'est conservé tel quel en provençal, où on a, par exemple, *veʒin, raʒim, maʒelar, auʒel.* Dans un cas cependant il a été modifié : la chute des ultièmes l'ayant rendu final, il a, d'après la loi connue, passé à *ts*, généralement noté par *tz : patz, vetz, berbitz, notz* ; et comme en provençal le *t* final est généralement tombé, on a eu pareillement *platz* de place t, *notz* de noce t, etc [2].

Au nord, le diphonème *dş* a eu un sort différent [3] : il s'est de bonne heure changé en *ʝş*, écrit *is* : on a ainsi *veisin, reisent, maiseler, noisille, oisel* (comme *raison, menuise, preisier*) [4]. La

---

1. J'emploie ce mot parce que dans *ts, dş* il y a réellement deux consonnes. L'union entre une explosive sourde et une *s* suivante ou une explosive sonore et une *ş* suivante est si étroite que les Grecs ont été amenés instinctivement à exprimer le groupe par un caractère unique : ξ (*x*), ζ (*ʒ*), ψ (*ps*). Cf. Gutheim, *Ueber Konsonanten-Assimilation im Französischen* (Heidelberg, 1891), p. 35.

2. Devant l's de flexion le *dş* paraît avoir également passé à *ts : platʒ =* place s et placet, *notʒ =* nucem et nuce s.

3. Je ne saurais dire où se trouve la limite entre les deux traitements de *dş*, le *Boeci* a *z*, tous les anciens textes français ont *is* (pour *Eulalie*, voyez plus loin).

4. Une objection contre cette théorie pourrait se tirer des formes *doʒe, treʒe,* etc., qui ont dû être *dodşe, tredşe* et ne sont pas devenues *doʝşe, treʝşe* (l'*i* de *treize* n'est que graphique et moderne). Mais la comparaison du sarde, de l'italien et du ladin prouve que ces mots sont restés très tard proparoxytons : on disait *dodeşe, tredeşe,* etc., quand on disait *padşe, ledşet;* et quand on a dit *dodşe, tredşe,* l'évolution de *dş* à *ʝş* était accomplie. C'est aussi pour cela que *doʒe, treʒe,* etc., ont un *e* final qui manque aux autres, et que u n d e c e, q u a t t o r d e c e ont fait *onʒe, quatorʒe* et non *once, quatorce* ou *onʒ, quatorʒ.* Mais comment dans ces mots *c* intervocalique a-t-il produit *ş* et non *ʝş*? Toujours par la même raison: une pénultième de proparoxyton ne pouvant être qu'*e* et ne supportant pas le poids d'un *ʝ* (*dodeʝşe* proparoxyton n'aurait pas été supportable). Ce raisonnement s'applique facilement à *aise* dont M. Thomas vient d'indiquer la vraisemblable origine dans a j a c e s < a d j a c e n s (*Romania*, XXI, 513); l'*a*, comme toujours, a conservé longtemps le mot à l'état de proparoxyton, et, tandis que j a c e(n)s aurait fait *gis*, a j a c e s a pu donner *aiese, aise.* Le *z* de *onʒe,* etc., a été *dş* très tard.

chute des ultièmes a dû se produire après ce changement, car *padş* serait devenu *pats* et non *pais*, *nodş* serait devenu *nots* et non *nois* (cf. *fats*, de facio; *solats*, de solacium; *avants*, de abantio, etc. [1]); de même *pladşt* aurait donné *platst*, et non *plaist* (cf. *chevaltst*, de caballicet; *menatst*, de minaciet; *avantst*, de abantiet, etc.) [2].

Ce changement est fort ancien, et il est commun à toute la France du nord. Il est certainement antérieur au ix⁰ siècle, car si les *Serments* ne nous offrent pas de mots de cette classe, nous trouvons dans *Eulalie* deux formes où nous devons l'admettre : *bellezour* et *domnizelle*. Le groupe *jş* y est encore noté par *z*, ce qui prouve que cette notation a été commune à toute la Gaule et qu'il existait pour le roman, dès le ix⁰ siècle, une tradition orthographique; mais que le *z* pût avoir pour le scribe de ce précieux texte la valeur de *jş* ou de *jş*, c'est ce qui ressort de l'emploi qu'il en fait dans le verbe *lazsier*, qui équivaut certainement pour lui à *laissier*, puisqu'il en écrit *laist* le subjonctif. D'ailleurs, la transformation de *dş* en *jş* (respectivement en *jş*) est commune à tous les parlers septentrionaux; elle remonte donc à une très haute antiquité.

Cette constatation a une grande importance pour l'intelligence de l'histoire du *c* en France. On sait en effet que dans toute la Gaule, aussi bien méridionale que septentrionale, à l'exception d'une certaine zone qui comprend la Picardie et une bande de terrain de largeur variable suivant la mer et jusques et y compris le Cotentin, le *c* fort a donné *ts*, plus tard réduit à *s*, comme le *cj* et le *tj* fort. Dans la zone en question, à ce *ts* correspond *tš*, réduit plus tard à *š* (*tš* au lieu de *ts* se retrouve dans l'italien central et méridional et dans le ladin; dans l'ita-

---

1. J'indique ici le traitement normal de ces mots, que leur attribuent plusieurs textes; mais dans beaucoup d'autres on trouve un traitement différent, qui ne s'explique pas bien, pour les mots en -ecem, īcem, ōcem : *feiz*, *berbiz*, *croiz*, *voiz*, *noiz*, c'est-à-dire, comme le prouvent les rimes *feits*, *berbits*, etc., de sorte qu'on a à la fois le *ts* et le *j* de *jş = dş*. Voyez sur ce point *Rom.*, XVIII, 591-2, où on signale aussi les obscurités que présentent le mot puteus et ses dérivés.

2. Le *ts* de ces mots est naturellement noté *z* dans nos manuscrits (voyez ci-dessous).

lien du nord et dans les anciens parlers de l'Espagne on a *ts* [1]).
On a beaucoup discuté pour savoir laquelle des deux représentations du *c* fort était la plus ancienne ; les uns (Diez en tête)
ont vu dans le *tš* un « épaississement » postérieur du *ts* ; les
autres (M. Joret) ont vu dans le *ts* un « amincisssement » postérieur du *tš*. On pense aujourd'hui avec raison que, d'abord de
cj ou *tj* fort, puis de *c* fort, a pu indépendamment sortir aussi bien
tš que *ts* ; la question est à examiner séparément pour chaque
domaine. Or pour la Gaule, il semble qu'on puisse dire avec
une assez grande certitude que tous les dialectes ont passé par
l'étape *ts*. D'abord l'isolement du picard-normand en regard de
tout le reste du domaine gallo-roman est frappant [2]. Mais ce qui
est plus concluant, c'est le traitement de *c* faible ou *tj* faible. Ce
traitement, comme on l'a vu, est identique, en picard-normand,
à ce qu'il est dans le français du nord en général ; il renvoie
forcément dans les deux cas à un *dz* antérieur, qui s'est conservé
dans le Midi. Or le développement de *c* faible et de *tj* faible en
dz a nécessairement pour parallèle le développement du *c* fort,
du *tj* fort et du *cj* en *ts*. Si le gallo-roman du nord avait eu
primitivement *tš* pour *c* fort, il aurait eu *dž* pour *c* faible : c'est
ce qui arrive en italien, où le *g* (= *dž*) répond au *c* faible,
comme le *c* (= *tš*) répond au *c* fort, et où l'on a, par exemple,
ugello, dugento, magella, en regard de *cervo, pulcino, falce,* etc. [3].
Si le picard-normand avait possédé dès l'origine des formes
comme *tšerf, tšerkier, poltšin, faltš,* il aurait eu en regard des

---

1. Le roumain, dans ses différents dialectes, présente *ts* et *tš* ; je ne le
mentionne qu'en note, puisque je crois avoir établi que l'évolution du *c* dans
cette langue est tout à fait indépendante de celle des autres langues romanes.
En fait, il en est sans doute de même pour le gallo-roman, l'italo-roman,
l'hispano-roman et le réto-roman ; mais c'est moins assuré.

2. Le cas n'est pas le même pour la conservation du *k* devant *a* qu'on
retrouve dans cette région. D'une part en effet nous avons affaire ici à un fait
latin, par conséquent sûrement archaïque : d'autre part ce fait se retrouve
dans une autre et assez vaste région de la Gaule (le sud, l'est et l'ouest du
domaine de la langue d'oc).

3. L'italien présente pour ce fait beaucoup d'irrégularités, dues à l'action
de l'analogie ou à des pénétrations dialectales ; mais la forme normale est
bien celle-là : cf. Meyer-Lübke, *Gramm. des langues rom.*, I, § 445.

formes comme *vedšin*, *redšent*, *madšeler*, *odšel*, et ces formes existeraient encore aujourd'hui, seulement réduites à *vešin*, etc.[1], au lieu qu'il avait, dès le IXe siècle, comme le français, les formes *veisin*, *reisent*, *maiseler*, *oisel*, etc. Donc, antérieurement il avait *ts* et *ds*, et *tš* est bien ici un épaississement postérieur. Quand cet épaississement s'est produit, *ds* avait passé à * js*, ce qui l'a empêché de partager le sort de *ts* et de passer à *dš*, puis *š*.

Ces observations permettraient de placer le changement picard-normand de *ts* en *tš* à une époque relativement récente ; mais une autre remarque vient les contredire et oblige au contraire à reporter très haut l'existence, dans la région où nous la trouvons encore, de la prononciation *tš* pour *c* fort, *tj* fort et *cj*. En effet le diphonème *ts*, en français, ne provient pas seulement de *c* fort, *tj* fort et *cj* ; il a encore, à la fin des mots, une autre source : il provient de *t* ou *d* + *s* originairement séparés par une voyelle tombée : *-ez* < -atis, -atus, -atos ; *-eiz* < -ētis, -ĕctus, -ĕctos ; *-iz* < ītus, -ītos, -ĕctus, -ĕctos ; *oz* < -ŏttus, -ŏttos, *oz* < -ōttus, -ōttos, *uz* < -ūtus, ūtos, etc.[2]. Or ce *ts* final est commun au picard[3] et au français, et en picard, il ne se change pas en *tš* : tandis qu'on trouve, par exemple, *fach*, *brach* ; *cach*, *tierch* ; *douch*, *fauch*, etc., on ne trouve jamais, par exemple, *cach* pour *caz*, *amech* pour *amez*, *droich* pour *droiz*, *lich* pour *liz*, *poch* pour *poz*[4],

---

1. Il ne faudrait pas se laisser induire en erreur par le fait que dans certains parlers de la région picarde on trouve aujourd'hui réellement un *š* pour le *c* faible et le *tj* faible (par exemple en Artois et ailleurs, *vešin*, *ošo*, *rašin* ; *rašon*, *menušī*). Cette transformation porte en effet également sur l'ancien groupe *is* de *s* + *i* en hiatus (*mašon*, *bašî*, de mansionem, basiare) ; elle se retrouve ailleurs dans des territoires lorrains et bourguignons auxquels la représentation de *c* fort, *tj* fort, *cj* par *tš*, *š* est inconnue.

2. Je laisse de côté, pour plus de simplicité, le *z* qui se développe après *n* double et *l* mouillée.

3. Je m'en tiens, pour cette partie de mon étude, au picard, la graphie normande étant beaucoup moins claire.

4. La différence du traitement pour les deux cas est sensible dans ce mot. Il vient d'un thème d'origine incertaine *pŏttum et possède un dérivé *pottionem : ce dérivé fait régulièrement *poçon* en français, *pochon* en picard, tandis que *pottus et *pottos, donnent en picard, comme en français, *poz*, et non **poch*.

mouch pour *mouz*, *cornuch* pour *cornuz*. Il en résulte que lorsque le groupe *ts* final s'est formé, c'est-à-dire quand les atones ultièmes sont tombées, le picard avait déjà *tš* et non *ts* pour *c* fort, *tj* fort et *cj*, car s'il avait dit en même temps *brats* et *cats*, *dolts* et *molts*, *falts* et *salts*, il est évident que le *ts* final aurait eu le même sort dans tous ces mots. On ne saurait objecter qu'il s'agit d'une *s* de flexion et que, dans les noms comme dans les verbes, il a pu y avoir une action analogique, toutes les autres formes pareilles (sujet singulier, régime pluriel, 2ᵉ personne du pluriel) étant terminées par *s* et non par *š*, en sorte qu'on leur a assimilé celles-ci. Cette objection serait mal appuyée pour les verbes (puisque toutes les 2ᵐᵉˢ personnes du pluriel sont précisément en *ts*, sauf celles en *-es*, qui n'ont pu exercer qu'une faible influence); mais en outre elle n'est pas fondée en fait, car des mots qui ne sont ni noms ni verbes se comportent exactement de même : satis, intus, subtus, qui ne sont soumis à aucune influence analogique, deviennent en picard, comme en français, *sez*, *enz*, *soz*, et non *sech*, *ench*, *soch*. Il en est de même de latus, pectus, qui, étant invariables, auraient échappé à l'analogie de la déclinaison. Par conséquent le raisonnement exposé tout à l'heure reste inattaquable. Donc, à l'époque de la chute des ultièmes le picard possédait déjà *tš* en regard de *ts* français, et il est dès lors compréhensible que le *ts* qui se produisit par la chute des ultièmes n'ait pas été soumis à la transformation que le *ts* ancien avait subie.

Il me paraît difficile de se soustraire à cette conclusion; mais, d'autre part, on l'a vu, le traitement de *c* faible et *tj* faible assure au picard-normand l'ancien couple parallèle *ts* et *dʒ*. Il faut donc reporter très haut le changement de *ts* en *tš* en picard-normand, tout en y regardant *ts* comme primitif.

Voici, mais à l'état de conjecture aussi réservée que possible, les dates qu'on pourrait, semble-t-il, assigner aux principaux changements phonétiques, intéressant notre sujet, survenus dans la région picarde-normande aux VIIᵉ et VIIIᵉ siècles, époque féconde entre toutes pour notre langue en évolutions phonétiques décisives, mais malheureusement enveloppées d'une grande obscurité.

Il faut partir de quelques données qui ne concernent pas l'histoire du *c*, mais que nous n'avons pas le droit de négliger.

L'époque de la chute des atones ultièmes nous importe beaucoup ; nous avons vu qu'elle nous apparaît accomplie, à la fin
du vIII^e siècle ou au commencement du IXe siècle, dans les
gloses de Reichenau et de Karlsruhe ; on ne peut guère la faire
descendre plus bas que le milieu du vIII^e siècle. Mais la chute
des atones ultièmes s'est produite après le changement d'*a* libre
tonique en *ae* (d'où devait plus tard sortir *e*) [1], car de *mant, part,
sats* n'auraient pu venir *maint, pert, sez,* qui remontent forcément à *maenet, paeret, saedes.* De son côté, le changement d'*a*
en *ae* n'est pas antérieur à la fin du vII^e siècle, car dans des
mots allemands qui n'ont un *a* qu'à partir de ce siècle, l'*a* a été
traité comme l'*a* latin [2]. Le changement d'*a* en *e* est postérieur
à la transformation de *k* en *kj*, qui paraît elle-même s'être opérée en deux étapes séparées par un assez long intervalle, dans
lequel s'est accomplie la chute des atones, *k* étant devenu
kj d'abord devant *a* libre (avant la chute des atones), puis
devant *a* entravé (après la chute des atones [3]). Nous accepterons
comme dates approximatives pour ces différents phénomènes :
k devant *a* libre devient *kj* (650) ; *a* libre devient *ae* (700) ;

---

1. Je ne puis exposer ici la manière dont je me représente l'évolution de
l'*a*.

2. Cf. Meyer-Lübke, *loc. l.*, I, § 644.

3. M. Meyer-Lübke fait valoir avec raison (*loc. l.*, I, § 648) que le changement picard d'*a* en *ie* et non en *e* après le *k* implique l'existence de *kj* en
picard comme en français : si le *k* de c a r u m, c a p u m n'était pas devenu *kj*,
on aurait en picard *ker, kef* et non *kier, kief.* Mais je me représente le rapport
des deux idiomes autrement que le savant auteur de la *Grammaire des
langues romanes* qui admet que *kier* atteste *kār* comme point de départ commun. A mon avis *k* est devenu *kj* d'abord seulement devant *a* libre, et cela
dans toute la France du nord ; ainsi *kjaro, kjave, kjavallo,* mais *karro, kampo* :
on peut faire remonter ce phénomène extrêmement haut. Plus tard *kjaro*
est devenu *kjer* dans toute la région qui a changé *a* libre en *e*. L'*a* entravé
n'a été atteint que beaucoup plus tard (ainsi que l'*au*) et on a eu *kjarro, kjampo,
kjausa* vers la fin du vIII^e siècle (*au* est *o* dans les gloses de Reichenau). A
cette seconde évolution le picard-normand n'a point participé, et il a gardé
karro, etc., en regard de *kjaro, kjavallo.* Il est également resté étranger à une
autre évolution du français qui, à une époque difficile à déterminer, mais
sans doute peu ancienne, a changé tout *kj* en *tš* : *tšier, tšaval, tšose ;* le
picard a gardé *kjer* et même réduit *kjeval* à *keval.*

les atones ultièmes tombent (750); *k* devient *kj* devant *a*
entravé (800).

Arrivons maintenant aux faits qui nous intéressent directement. Le *tj* fort et le *cj* étaient devenus *ts* à une époque antérieure que je n'essaie pas ici de préciser, et en même temps le
tj faible était devenu *dʒ* : on avait donc *captso, cantsone, bratso,
fatsat ; paladʒo, radʒone*. Vers le milieu du viie siècle, je suppose [1], le *c* fort a été traité comme le *tj* fort et le *cj*, le *c* faible
comme le *tj* faible et on a eu : *tservo, doltse* d'une part, *madʒello,
padʒe* de l'autre : cette évolution a eu lieu dans toute la Gaule,
et les parlers du midi ne l'ont pas poussée plus loin [2]. Dans la
Gaule du nord (les limites sont à déterminer), bientôt après,
disons vers 700, le *dʒ* a passé à *jʒ* et l'on a eu aussi bien *majʒello*,
et *pajʒe* que *rajʒone* et *palajʒo* : ce changement est commun à
toute la région, et, sauf les actions variées exercées l'une sur
l'autre par les voyelles, le *j* et l'*ʒ*, il a constitué l'état encore
subsistant du représentant français de *c* et de *tj* faibles. Mais le
ts, correspondant à *cj*, *tj* fort et *c* fort, ne s'est pas partout

---

1. Des raisonnements d'un autre ordre, mais qui paraissent très justes,
ont amené M. Pogatscher à conclure que l'assibilation du *c* en gallo-roman
était postérieure à la sonorisation des explosives sourdes intervocaliques :
l'anc. saxon *acid* < a c e t u m notamment nous montre le *c* intact et le *t* changé
en *d*. Il est vrai qu'il ajoute que ce son que les Saxons « entendaient et
notaient comme *k* » était cependant *kχi* et qu'il faut remonter pour « les
tout premiers et très légers commencements de l'assibilation assez haut dans
l'époque républicaine ». Son principal argument est que l'Espagne connaît
aussi l'assibilation ; mais comme on l'a vu plus haut, rien n'empêche que les
deux développements soient indépendants. Il ajoute que si *c* n'avait pas été
kχi quand les explosives sourdes intervocaliques sont devenues sonores, il
aurait dû passer comme elles à la sonore : a c e t u m serait devenu *agedum*.
Mais il n'est pas même assuré que *t* et *p* aient en même temps passé à *d* et *b*,
et on n'est pas forcé d'admettre un lien nécessaire entre l'évolution de *t*, *p* et
celle de *c*. La distinction entre le *c* fort (> *ts*) et le *c* faible (> *dʒ*) ne s'est
produite qu'avec l'assibilation ; on ne voit pas comment de p l a k χ i e n t e m
serait sorti *pladʒent*, qui n'a pu venir non plus de *plagentem*. [Cette note, un
peu remaniée, a passé dans le corps du premier mémoire, cf. ci-dessus, p. 94,
mais nous avons jugé intéressant de la reproduire sous sa forme primitive.
Cf. encore ci-dessous, p. 124.]

2. Sauf que *padʒ* devenu final s'est changé en *pats*. Je ne mentionne pas,
naturellement, les transformations dialectales modernes.

maintenu. Dans la plus grande partie du domaine, il a subsisté, sauf qu'au xiiie siècle il a perdu son élément dental et est devenu simplement *s*; dans la région picarde-normande il est devenu *ts*, sans doute vers 750, en tout cas après que *ds* était devenu *js* : on eut donc plus tard dans cette région *fache, canchon, cherf, brach, douch*. Le phénomène était accompli, quand la chute des atones ultièmes produisit, par la mise en contact de *t* (*d*) avec *s* finale, un nouveau *ts*. Celui-ci eut le même sort dans toute l'étendue du domaine (et même dans le midi); il persista pendant plusieurs siècles et se réduisit enfin à *s* [1].

Il est inutile de dire que ces dates sont non seulement approximatives, mais nécessairement inexactes, puisqu'un changement phonétique ne s'exécute pas en un jour, en un an ni même en un nombre appréciable d'années; il commence à se produire sur un point donné, d'où il lui faut pour se propager un temps extrêmement variable. J'ai voulu surtout indiquer la chronologie relative des faits, telle qu'elle me semble se dégager des observations présentées ci-dessus; toutefois il m'a paru intéressant, puisque nous nous trouvions avoir quelques dates externes, d'essayer de déterminer au moins l'époque réelle du commencement et de l'achèvement de l'importante évolution phonétique qui fait l'objet de cette étude [2].

---

1. Il est curieux que cette réduction semble s'être opérée dans le domaine picard plutôt que dans les autres. Aussi pourrait-on être tenté de supposer que le diphonème *ts* ne s'y est pas produit, que dans *sedes* (< s a t i s), par exemple, quand l'*e* atone est tombé, le *d* a été élidé, d'où *sés*; mais rien n'est moins probable. Les plus anciens textes écrits dans le domaine picard nous présentent *ts*, écrit *z* dans *Eulalie* et même (par une exception unique) *ts* dans le *Jonas*; ce n'est qu'à la fin du xiie siècle qu'on trouve dans ce domaine des rimes attestant la réduction de *ts* à *s*.

2. M. Meyer-Lübke, dans le bel et pénétrant essai de « chronologie des faits phonétiques » qui termine sa grammaire, ne dit rien de l'évolution du *c* et de ses rapports avec d'autres phénomènes.

*
* *

II. — Pour la chronologie de l'altération du *c* il y a une question de première importance, c'est le rapport de ce phénomène avec celui de la sonorisation des explosives sourdes en position faible. On sait que dans toute la Gaule (et aussi en Espagne et en Rétie) une explosive sourde placée entre deux voyelles est devenue sonore : capillum > *cabillum*, nata > *nada*, pacare > *pagare*. Le sort des trois explosives est-il lié, en sorte que ce qui est prouvé pour l'une soit probant pour l'autre ? On est tenté de le croire en voyant l'accord essentiel de toutes les langues qui affaiblissent l'une des explosives à affaiblir les deux autres. Cependant ce n'est nullement certain, et on ne saurait méconnaître l'importance de la grande différence chronologique qui sépare l'apparition de la sonore au lieu de la sourde dans chacun des trois cas. Tandis que $d < t$ se présente déjà, et fréquemment, à l'époque romaine et dès le second siècle, $b < p$ ne se lit que dans des inscriptions du vi[e] siècle, $g < c$ dans des textes du viie ou du viiie, et encore très rarement. On ne s'expliquerait guère ce traitement différent s'il ne répondait pas à la réalité. Nous pouvons donc admettre que le *t* faible était devenu *d* longtemps avant que le *c* faible fût devenu *g*, et cette hypothèse, appuyée par les faits, nous permet d'écarter un argument en faveur de l'antiquité de l'altération du *c* qui au premier abord paraît extrêmement puissant. M. Pogatscher, dans son beau livre sur les mots empruntés par l'anglo-saxon au latin et au roman, remarque que le saxon *ecid* (anglo-saxon *eced*) qui remonte environ au vi[e] siècle, nous montre le *t* du latin acetum devenu *d*, tandis que le *c* est resté *c* ; si ce *c* avait été une explosive sourde au moment où le *t* est devenu sonore, il le serait également devenu, et on aurait eu agedum, d'où le saxon n'aurait pu tirer son *ecid* ; donc, à l'époque où les explosives sourdes sont devenues sonores, le *c* n'était plus une explosive sourde et l'altération était tout au moins commencée. Mais ce raisonnement suppose une évolution synchronique pour les trois explosives sourdes, qui, comme nous venons de le voir, n'est nullement prouvée et est même contredite par les textes. Nous pouvons donc admettre l'existence d'une forme *acedo* (comme aussi d'une forme telle que *cepado* < caepatum), et dès lors le mot saxon ne peut plus nous fournir une date.

Mais sans avoir recours aux emprunts étrangers, l'examen du traitement des palatales en elles-mêmes ne nous engage-t-il pas à faire remonter plus haut que nous l'ont permis les textes la transformation de la prononciation du *c*? Si le *c* de placere était une explosive sourde comme celui de pacare, au moment où ce dernier est devenu *g* il a dû en faire autant, et on a dû avoir *plagere* comme *pagare* (c'est ce qui est en effet arrivé en sarde); or *plagere* ne serait jamais devenu *plaisir* et n'aurait pu aboutir qu'à *plaiir* (cf. pagese < *paiis*). Ce raisonnement est inattaquable; mais il prouve seulement que la transformation du *c* est antérieure à la sonorisation du *k*; or rien ne nous oblige à faire remonter celle-ci plus haut que le viie siècle; par conséquent nous pouvons la placer un peu avant le commencement de l'évolution du *c*. Quand pacare est devenu *pagare*, le *c* de placere n'était certainement plus une explosive sourde simple. Était-il *kχi*, comme le veut M. Pogatscher? C'est peu probable, car on ne voit pas comment de *kχi* serait sorti plus tard *dš*, puis *jš*. Je pencherais plutôt à croire qu'il était déjà *tsj* et qu'il s'est divisé en *ts* et *dš* en même temps que le *k* se divisait en *k* et *g*. Or non seulement cette division, mais la descente de *g* à *j* sont antérieures à la transformation de *k* devant *a* en *tš* et de *g* devant *a* en *dš*, car quand cette transformation s'est produite, on ne disait ni pacare ni *pagare*, mais déjà *pajare*. Nous pouvons donc dire que ce rapprochement, qui est valable (au moins essentiellement) pour la Gaule entière, oblige à faire remonter aussi haut que possible dans le viie siècle, la transformation, au moins commencée, de *c* en *tsj*, mais n'autorise pas à la faire remonter plus haut.

Nous avons vu que le sort postérieur du *c* faible, qui est devenu *dš*, nous engage à admettre que le *c*, à l'époque où il s'est divisé en fort et faible, était *tsj*. Par quelles étapes il avait passé auparavant, c'est ce qu'il est difficile de dire, et ce qu'on ne pourrait étudier qu'avec l'histoire de l'évolution de *cj* et *tj*. Mais on peut se demander, si dans la forme *tsj*, l'élément *j* est bien attesté; si on ne devrait pas plutôt admettre *ts*, devenu *dš*

quand il était en position faible. La présence du *j* me parait
attestée par l'action bien connue que le *c* a exercée sur *ĕ* (*ĭ*)
suivant, l'empêchant de se développer en *ei*, ou plutôt transfor-
mant la diphtongue *ei* en *i* (*cire*, *cil*, *merci*, etc.) : on ne peut
guère expliquer cette action que par la présence d'un *j* :
tsjeire > *cire*, etc. Le même phénomène se produisant pour *c*
en position faible (*plaisir*, *raisin*, etc.), il faut admettre que le
j existait encore lorsque s'est produite la séparation du phonème issu de *c* en fort et faible, en sorte qu'on a eu, au lieu du
tsj unique (*tsjera*, *platsjere*), d'une part *tsj* (*tsjera*), de l'autre *dsj*
(*pladsjere*). Il n'était pas non plus tombé quand *ĕ* (*ĭ*) est devenu
ei, puisque *cire*, *plaisir* ne s'expliquent que comme provenant
de *tsjeire*, *pladsjeir*. On peut aussi admettre que c'est l'existence
de ce *j*, plus durable au nord qu'au midi, qui a amené le changement de *dsj* en *js* : *radsjone* > *raison*, *radsjemo* > *raisim*. Ce
changement était effectué quand le *tsj* a perdu son *j* : il est
tombé purement et simplement dans le français général (comme
en provençal), tandis qu'en picard-normand il parait s'être
combiné avec *ts* pour produire *tš*. En prenant pour point de
repère les dates que nous avons données plus haut, on peut
arriver à la table étymologique suivante :

    ? *cj*, *tj* fort = *tsj* ; *t* > *d*.

600 *c* > *cj*.

650 *cj* (< *c*) > *tsj* [1].

700 [2] *k* devant *a* libre devient *cj*.

720 *tsj* faible devient *dsj* (*k*, *q* faibles deviennent *g*).

730 *ĕ* (*ĭ*) devient *ei* et *i* après *tsj*, *dsj*.

740 *dsj* devient *js* dans le nord.

750 [3] *tsj* devient *ts* en francien et *tš* en picard-normand.

780 chute des ultièmes (*a* > *ae; g* (< *k*) > *j; g* (< *q*)
tombe.

800 *k* devant *a* entravé devient *cj*.

[Romania, XXXIII, (1904), p. 321-332.]

---

1. [G. Paris avait d'abord placé en face de cette date ces mots (qu'il a
ensuite barrés) : *k* (*a* libre) > *kj*.]

2. [Mots barrés à la suite de cette date : *a* > *ae*.]

3. [Mots barrés à la suite de cette date : *chute des ultièmes*.]

LA
PRONONCIATION DE *H* EN LATIN

Corssen, Diez et d'autres savants ont établi par diverses preuves l'affaiblissement de l'*h* initiale dans la prononciation du latin dès les premiers siècles de l'empire. Un témoignage intéressant, qui ne nous paraît pas encore avoir été relevé, de l'état flottant de cette prononciation nous a été signalé par M. Heinrich, doyen de la Faculté des lettres de Lyon. Saint Augustin, opposant le respect que les hommes ont pour les préceptes de la grammaire au peu de cas qu'ils font de la loi de Dieu, s'exprime ainsi :

Si contra disciplinam grammaticam sine aspiratione primae syllabae *ominem* dixerit, displiceat magis hominibus quam si contra tua praecepta hominem oderit quum sit homo.

(*Confess.*, l. I, c. xviii.)

On voit par là que la prononciation de l'*h* était à peu près, dans la société cultivée du ive siècle, ce qu'elle est aujourd'hui dans la société anglaise. Laisser tomber l'aspiration initiale était une marque de mauvaise éducation qui *disqualifiait* un homme. Mais les gens du monde seuls conservaient cette prononciation ; le peuple, comme l'attestent tant d'inscriptions beaucoup plus anciennes que l'époque de saint Augustin [1], avait abandonné

---

1. L'épitaphe d'Urbanilla à Gemellae (en Tunisie), publiée par M. Guérin (cf. Jung, *Die romanischen Landschaften*, p. 156), présente, ce qu'on ne paraît pas avoir remarqué, son nom en acrostiche (il ne peut donc y avoir de lacune après le v. 6) : pour faire le dernier *a*, l'auteur écrit tranquillement *Anc* pour *Hanc* en tête du dernier vers.

l'*h* depuis longtemps, et les langues romanes n'en ont pas conservé la moindre trace ; car les exceptions plus ou moins réelles qu'on remarque en français et en roumain ne remontent sûrement pas directement à la prononciation latine.

[*Romania*, XI (1882), p. 400.]

LA DISSIMILATION CONSONANTIQUE

DANS LES LANGUES ROMANES

Maurice GRAMMONT. *La dissimilation consonantique dans les langues indo-européennes et dans les langues romanes*. Dijon, Darantière, in-8°, 215 pages.

« Tout le monde, dit M. Grammont dans l'introduction de son livre, a parlé de la dissimilation ; chacun en a rencontré des exemples et cité des cas, mais personne n'a jamais établi ce que c'est que la dissimilation. » On s'attend, après cette entrée en matière, à lire du phénomène dont il s'agit une définition et une explication plus claires et plus précises que celles que l'auteur trouve vagues et sujettes à égarer. Toutefois on les cherche en vain. Quelle est l'explication de ce phénomène, si répandu dans toutes les langues, par lequel, quand deux phonèmes ou identiques ou ayant quelque chose de commun se rencontrent dans le même mot [1], l'un d'eux est rendu plus ou moins « dis-

---

1. La dissimilation d'un mot à l'autre est un phénomène assez rare, au moins en apparence, car il est peut-être plus fréquent qu'on ne l'a reconnu jusqu'ici. M. Grammont (p. 93) cite l'explication, très plausible, du fr. *orme* donnée par M. Möhl : on aurait dit *un olme* (d'où le fr. *oume, oumel*, conservé dans beaucoup de noms de lieux), mais *l'orme*, qui s'est ensuite généralisé (M. Möhl a constaté dans un manuscrit médical l'alternance régulière de *l'urcere* et *les ulceres*). Peut-être faut-il expliquer de même les formes *armaua* dans beaucoup de patois, *armosne* (*aumône*) en anc. français, *arcôve, arcool*, etc., dans le français populaire (voir Meyer-Lübke, *Gramm. des l. rom.*, I, § 482). Le fr. *armet* doit sans doute être rangé dans la même classe (il ne saurait venir d'*arme*, comme le dit l'auteur, p. 114, avec le *Dictionnaire général*) : c'est l'esp. *almete*, introduit au XVIe siècle et dont la forme dissimilée *l'armet* pour *l'almet* s'est généralisée ; *armet* au XIVe siècle, dans *Girard de Roussillon*,

semblable » de l'autre, parfois jusqu'à être supprimé ? A-t-il une origine physiologique ou psychologique ? Comment se fait-il que dans les mêmes langues il coexiste avec le phénomène absolument contraire de l'assimilation ? L'auteur ne répond pas à ces questions et ne les pose même pas. Au reste, les questions mêmes auxquelles son livre est particulièrement consacré n'y sont pas traitées dans leur ensemble. Il faut souvent conclure sa pensée de ses remarques incidentes, il faut parfois la deviner. Ainsi on sent bien qu'il regarde la dissimilation comme devant s'exercer fatalement, à un moment donné, dans les langues qui la pratiquent, sur tous les mots qui la comportent, mais il ne formule pas expressément cette loi et se contente d'expliquer à l'occasion pourquoi des phonèmes qui sembleraient, dans tel ou tel mot d'une langue, devoir être dissimilés ne le sont pas. Semblablement il résulte bien d'une parole jetée en passant (p. 32) qu'il se rend compte que la dissimilation, au moins dans les langues romanes, s'opère presque exclusivement sur les liquides ou nasales[1], mais il ne s'arrête nulle part à ce fait,

---

appartient à la phonétique franc-comtoise (voir Meyer-Lübke, I, § 480) et est un doublet de notre *armet*. Il y aurait sans doute plus d'un fait de ce genre à observer dans la prononciation populaire : les dissimilations ainsi produites sont de leur nature essentiellement momentanées, et n'arrivent que rarement à se généraliser. Il faut remarquer d'ailleurs que celles qui viennent d'être notées se produisent entre l'article et un autre mot et que l'article qui élide sa voyelle finale est si étroitement soudé au mot qu'il détermine qu'il fait presque corps avec lui. — C'est encore un phénomène du même genre que le changement que subit en espagnol le pron. *le* quand il précède *lo, los, la, las : se lo*, etc. pour *le lo*, etc. (anc. esp. *gelo*, etc., sans doute pour *lelo*). Et on peut aussi rapprocher de ce fait ce qui se passe en ancien français, où *le, la, les* sont supprimés devant *li, lui, lor : jo (le , la, les) li, lui, lor doins.*

1. La dissimilation d'autres consonnes est assez rare. Il y en a toutefois des exemples (voir Grammont, p. 100-102) pour le *d* dans les langues romanes : esp. *Guaritana, quijarado, Madrileño*, esp. port *mentira* (sous l'influence, certainement, de *mentir*), et il faut remarquer que c'est une liquide qui remplace le *d* (toutefois dans le languedocien *guinde* < *dinde, guindoun* < *dindon*, le *d* est dissimilé en *g*). Il faut ajouter aux liquides *j* (*yod*) (voir it. *digiuno, drieto*) et surtout *v*, que M. Grammont ne mentionne pas ; est-ce qu'il ne reconnaît pas de dissimilation dans *vivacius* > prov. anc. fr. *viatz, vivenda* > pr. fr. *vianda* ? Il est vrai que ces mots ne paraissent rentrer dans aucune de ses lois, mais le fait

si important, pour l'expliquer ou même le constater. Après
avoir posé en principe qu'il est nécessaire d'établir les lois de la
dissimilation pour montrer qu'il n'y a pas dans l'évolution phonétique des langues un domaine livré au caprice et soustrait à
l'empire « des lois phonétiques qui font l'orgueil de la science
moderne », il jette tout de suite le lecteur *in medias res* et fait
défiler devant ses yeux vingt « lois » difficiles à bien comprendre
du premier coup et qui semblent souvent se contredire, avec
leurs applications d'abord dans les langues romanes, puis dans
les langues indo-européennes. Il ne fait rien pour guider le lecteur
dans ce dédale et semble prendre plaisir à l'y laisser chercher
péniblement sa voie. Les titres courants, qui seraient si nécessaires, manquent en haut des pages. La Table des matières,
placée sur une page presque introuvable, avant les *Indices*, est
rédigée avec une concision qui oblige, si l'on veut avoir sous les
yeux le contenu de l'ouvrage, à s'en faire une plus détaillée, et,
comme par une malice voulue, le chapitre intitulé *Conclusions*,
qui, en quatre pages, donne au moins le résultat général du
livre, est omis dans l'« Index des divisions principales ». Ces
lacunes et ces obscurités, que n'atténue pas une exposition souvent très concise, font que le livre est d'une lecture laborieuse
et qu'il faut s'y reprendre à plusieurs fois pour bien saisir la
pensée de l'auteur. Dans les ouvrages qu'il ne manquera pas
d'écrire à l'avenir, nous espérons que M. Grammont prendra
soin de mieux éclairer sa lanterne, car ce qu'il y montre est
fort intéressant et vaut l'effort qu'il faut faire pour le discerner.

L'idée même du livre est originale et d'une vraie portée.
« Pour bien comprendre, dit l'auteur, les lois que nous exposons,
il est nécessaire de se placer à notre point de vue, c'est-à-dire de
considérer la *dissimilation* indépendante de telle ou telle langue,
en dehors et en quelque sorte au-dessus des langues.... Pour
telle ou telle langue en particulier, ce qui n'est pas notre
point de vue, les lois sont des *possibilités*; elles sont la

---

n'en est pas moins très probable (on sait qu'on a expliqué de même les formes
prises en roman par - *ebam*, la flexion de l'imparfait, qui est devenu - *ea*,
sur le modèle, croit-on, d'*aveva* < *habebam*). — Les dissimilations de *č*, *ǧ*, en
š, *ž* sont d'une nature assez différente.

formule suivant laquelle la dissimilation se fera, si elle se fait. »
Ce sont donc des lois absolument générales que l'auteur a
voulu établir ; il ne les a exemplifiées, il est vrai, que dans
une famille de langues, mais elles lui paraissent tellement
fondées sur la nature qu'il ne doute pas qu'elles ne s'appliquent à toutes les langues possibles. Ces lois, comme le
disent les *Conclusions*, se ramènent à une formule très simple :
« La dissimilation, c'est la loi du plus fort. » De deux
phonèmes sujets à dissimilation, c'est le plus faible qui perd
une partie de ses éléments constituants, quelquefois qui dispa-
raît entièrement. Mais en quoi consiste la force d'une consonne
(car M. Grammont s'est restreint aux consonnes [1]) relativement
à une autre identique ou analogue ? Il y a d'après lui trois causes
de supériorité pour une consonne : la première est de se
trouver dans la syllabe accentuée ; la seconde est d'être *appuyée*
(explosive suivant immédiatement une implosive) ou au moins
non *combinée* (faisant partie d'un groupe dans une même syllabe);
la troisième est de se trouver vers la fin du mot. A chacune de
ces trois conditions correspond un groupe de « lois », les lois
i-vii pour la première, les lois viii-xvi pour la seconde, les lois
xvii-xx pour la troisième. Mais l'auteur ne nous dit nulle part
ce qui se produit lorsque deux lois sont en conflit, si c'est la
première, la seconde ou la troisième condition qui domine.
On pourrait peut-être, en y regardant de près, l'extraire des
exemples qu'il donne, mais cela serait d'autant plus pénible
qu'il n'est pas arrivé à classer ses diverses lois avec toute la
rigueur qu'on souhaiterait. Ainsi, dans la première partie, après
que les lois i-v nous ont montré des toniques dissimilant des
atones, les lois vi et vii nous montrent des toniques dissimilant des toniques (une implosive dissimile une appuyée ou une
combinée) : il ne semble donc pas qu'ici la force de la consonne
qui persiste soit due à l'accent [2]. Dans la seconde partie, où il
s'agit de lois « ne dépendant pas de l'accent d'intensité », nous

---

1. L'auteur s'est occupé de la dissimilation des voyelles dans un travail
antérieur (voir les renvois donnés à la page 183).

2. Les lois vi et vii semblent d'ailleurs assez douteuses. De la loi vii il
n'y a pas d'exemples romans, et je n'en parle pas ; de la loi vi, il n'y a que
Sorlin < *Saturninum* : voir plus loin.

trouvons cependant la loi xiii, d'après laquelle une appuyée dissimile une implosive *atone*, la loi xv, d'après laquelle une implosive dissimile une combinée *atone*, la loi xvi, d'après laquelle une intervocale dissimile une combinée *atone*, et il semble dès lors qu'elles aient quelque chose à faire avec l'accent. A plus forte raison en est-il ainsi des lois de la troisième partie : la consonne la plus voisine de la fin du mot appartient bien souvent, au moins dans les langues romanes, à la syllabe qui porte l'accent, et l'on se demande à quoi l'auteur discerne que c'est sa place dans le mot et non son accentuation qui lui donne de la force : ainsi *Sorlin* < *Saornin* < *Saturninum* est rangé dans la première partie, et *orphelin* < *orphaninum* dans la seconde ; il semble cependant que dans les deux cas nous ayons le même phénomène[1]. Le principe même d'après lequel les consonnes voisines de la fin du mot sont plus *fortes* que les autres paraît contestable ; M. Grammont l'appuie de considérations subtiles qui n'entraînent pas la conviction. En tout cas, c'est un genre de force très différent des deux premiers, qui sont fondés sur l'intensité physiologique de l'émission des consonnes, tandis que celui-là n'aurait qu'un caractère psychologique. Il y aurait encore quelques objections à faire aux théories de l'auteur[2], mais je m'y arrêterai d'autant moins que je ne saurais comment résoudre les difficultés que je soulèverais. Ce que je veux surtout dire après ces réserves, qui sont plutôt des points d'interrogation,

---

1. Notez d'ailleurs ce que dit l'auteur à ce propos (p. 36-37, et cf. p. 44-45) de l'intensité de la syllabe accentuée, qui ne commence qu'avec la voyelle quand la consonne initiale est simple. On aurait souhaité qu'il s'étendît davantage sur ce point et définît ce qu'il faut entendre par l'intensité tonique en tant qu'elle affecte les consonnes.

2. J'ai beaucoup de peine à admettre, au moins pour le français, les explications sur la force variable d'une consonne initiale suivant que le mot précédent se termine par une voyelle ou une consonne. On sait que la consonne initiale du latin est, en français, conservée telle quelle à peu près sans exception : cela ne serait pas arrivé si la phonétique syntactique avait joué un rôle aussi considérable que le pense l'auteur. La consonne initiale, en latin vulgaire (sauf quelques exceptions dialectales), peut être considérée comme étant toujours en position forte, c'est-à-dire comme équivalente à une consonne appuyée.

C'est que le travail de M. Grammont est une œuvre de premier ordre, qui révèle à chaque pas un linguiste exercé, doué d'une grande pénétration, sachant voir les aspects les plus divers des questions qu'il aborde et mettant un esprit très lucide au service d'une méthode rigoureuse. On avait déjà observé ces qualités dans les essais antérieurs du jeune maître de conférences à l'université de Montpellier ; elles éclatent dans ce livre, qui lui assigne d'emblée un rang éminent parmi les membres de notre école linguistique. La thèse de M. Grammont — car c'est une thèse de l'université de Paris — fait assurément honneur aux maîtres auxquels il l'a dédiée comme au disciple qui a si bien profité de leurs leçons : il en a profité surtout pour être original, ce qui est la meilleure façon d'être un bon disciple. La science peut attendre beaucoup de lui. Il faut surtout relever dans son ouvrage les chapitres où il étudie les causes qui s'opposent à l'action normale des lois de la dissimilation et où il renvoie, presque toujours avec évidence, à d'autres causes des phénomènes attribués d'ordinaire à celle-ci. Il y a là des analyses et des observations très fines, et qui donnent la solution d'un grand nombre de petits problèmes restés pendants ou mal résolus. Grâce à M. Grammont, bien des obscurités et des incertitudes dispararaissent de l'étude des langues qu'il a considérées, et le grand travail de l'édification d'une phonétique indo-européenne vraiment scientifique fait un progrès marqué dans le sens de la régularité et de l'harmonie. La dissimilation était jusqu'ici regardée comme une sorte de terrain vague où l'on rejetait pêle-mêle une masse de faits que n'expliquaient pas les lois ordinaires, et dès lors toute l'ordonnance linguistique était compromise dans son principe même. « Mais si la dissimilation elle-même est soumise à des lois, tout se tient dans l'édifice, l'ensemble est complet, et il ne reste plus qu'à parfaire les détails. »

M. Grammont avait voulu d'abord étudier exclusivement la dissimilation dans les langues indo-européennes, mais en examinant à ce point de vue le grec, le vieux slave et le latin, il ne trouva que des faits peu nombreux et obscurs. Dans le latin vulgaire et les langues romanes, au contraire, il rencontra des exemples en abondance, et ces exemples lui semblèrent pouvoir se classer d'après des lois. Il changea donc son plan de recherche, s'attacha surtout aux langues romanes, et fit passer au second rang les formations linguistiques plus anciennes. Cette seconde partie de son travail échappe à ma compétence, et je ne m'occuperai, dans les remarques qui vont suivre, que de celle qui concerne les langues romanes. Je ne reviens pas sur les « lois » en elles-mêmes, et je ne fais que soumettre à l'auteur un certain nombre d'observations de détail. Si j'ajoute quelques exemples à ceux qu'il a réunis, ce n'est pas pas pour lui reprocher de les avoir omis, car il n'a nullement eu la prétention d'être complet ; c'est pour apporter une petite contribution au trésor des mots romans et surtout français [1] où la dissimilation s'est exercée et pour éprouver l'exactitude des règles de l'auteur en des cas qu'il n'a pas eu l'occasion d'examiner. Je suis l'ordre même du livre pour présenter ces observations détachées [2].

P. 27 et 31 l'it. *frate* est donné comme dissimilé pour *fratre* ; je suis plus porté à y voir le vocatif *frater*, car *frate*, comme on sait, ne se dit que des moines et a surtout été employé en leur parlant.

P. 28. « Brieulles (Meuse) = *Briodurum*. La dissimilation a dû se produire à la phase *Brjordre*. » Cette phase n'a jamais existé, l'*i* de *Briodurum* ayant toujours eu une valeur syllabique. *Brieulles* rentre donc non dans la loi ii, mais dans la loi viii.

P. 30. Le fr. *prostrer* n'était pas à citer : c'est un néologisme formé sur le mot savant *prostré*. Si les formes correspondantes de l'italien, du portugais et du provençal ne sont pas savantes, il ne faut pas expliquer l'absence de dissimilation par le fait que « le sujet parlant y sentait le préfixe si fréquent *pro* » : ce préfixe ne peut être admis qu'en italien ; ailleurs il n'existe pas ou est remplacé par *por* [3].

P. 33. A côté de *pelerin* l'anc. fr. possède la forme *perelin*, qui paraît contredire toutes les lois posées par l'auteur ; mais

---

1. Il y aurait certainement beaucoup à trouver dans les variantes si nombreuses de l'ancien français et dans les parlers populaires actuels.

2. Je note ici les pages où sont réunis en tableau les résultats de la dissimilation (p. 96-102) ; ce tableau aurait mérité un plus long commentaire.

3. L'explication de l'esp. *postrar* (p. 31) est tout à fait fantaisiste.

on peut admettre qu'elle n'est qu'une métathèse de *pelerin* due aux nombreux mots terminés en *-lin*.

P. 33, 35, 139. A côté du mot patois *alondrote* on aurait pu citer l'anc. fr. *alondrele*, provenant lui-même de la forme *alondre* < *arondre*; cette forme *alondre* qui n'est pas citée non plus, aurait dû l'être à côté de l'esp. *alondra*.

P. 40. L'explication du lat. vulg. *cinque* pour *quinque* est assez compliquée et peu probante : on s'attendrait d'autant plus à *quince* que le *qu* initial aurait dû être maintenu par *quintus*, *quindecim*. Je croirais volontiers que la dissimilation a commencé par *quinquaginta* > *cinquaginta*, où le *qu* dissimilé n'était pas tonique, et a ensuite prescrit à celle de *quinque* > *cinque* la forme qu'elle a prise. Je ne sais pourquoi l'auteur ne cite pas déjà ici la dissimilation parallèle de *querquedula* (lui-même formé par assimilation) en *cerquedula* (d'où *cercedula* par assimilation), qu'il mentionne ailleurs (p. 169), et qui est intéressante en ce qu'elle nous montre la dissimilation et l'assimilation s'exerçant à plusieurs reprises sur le même mot, et cela en dépit de l'onomatopée [1].

P. 41. L'auteur dit avec raison que le fr. *rare* est savant, mais l'anc. fr. possédait *rer* et ce *rer* avait été dissimilé en *rel*, comme le montre l'adv. *relment* pour *rerement* [2].

P. 42. Le fr. *nape* est donné comme une dissimilation pour *mape* de *mappa*; j'ai grand'peine à admettre une pareille influence du *p* sur l'*m*; le changement de *m* en *n* se retrouve dans *nate* de *matta* (it. *mappa*, *matta*); je crois que ces deux mots, qui paraissent tous deux de provenance africaine (punique ?), variaient pour l'initiale dans leur langue originaire et ont pénétré dans la Romania sous deux formes différentes. J'en dirai autant de *mespilum*, qui a conservé son *m* dans des formes françaises comme *mespe*, *méple* ou *mesle*; le gr. μέσπιλον, d'où le latin *mespilus*, est un mot étranger qui a pu, de sa langue

---

1. Le sarde mérid. *circuredda* semble au premier abord avoir conservé le second *qu* du mot latin *querquedula* ; mais il se rattache plutôt au gr. κερκούρις, que Varron donne, à tort d'ailleurs, comme étymologie au latin *querquedula*.

2. Voir *Romania*, XVI, 587. *Relment* se trouve encore dans la *Vie de sainte Catherine* p. p. Jarník et dans la *Règle de saint Benoît* en vers p. p. Héron.

propre, pénétrer indépendamment avec une *n* dans les pays romans.

P. 50. « Loi xi. De deux consonnes séparées par la coupe des syllabes, l'explosive dissimile l'implosive. » Les exemples sont *an'ma*, *an'malia*, *min'mum* et quelques autres [1], devenus *arma* ou *alma*, etc. A mon avis, il ne s'agit pas là d'une véritable dissimilation, ou du moins c'est une dissimilation qui a lieu dans de tout autres conditions que les autres : il y a, pour les langues où elle se produit, impossibilité phonétique à prononcer *n* devant *m*, et *n* se change en *l* ou en *r* comme, dans les groupes analogues, *l* se change en *r* dans plusieurs parlers romans, *s* tombe, etc. Il me semble qu'il y avait lieu de mettre à part cette catégorie toute spéciale. Puis la règle elle-même, dans sa généralité, est inexacte : elle s'applique à *nm*, mais non pas à *mn*, où c'est l'explosive qui est dissimilée dans l'esp. *m(b)r*.

P. 61. Le vieux français, comme l'italien du nord, possède la forme *meltriz* (*meautriz*, *miautriz*) pour *meretricem*. De même (p. 62) l'anc. fr. a les formes *cecle*, *covecle*, relevées seulement ici dans un patois.

P. 68. « Fr. *sanglant* provient non pas de *sanguilentus*, qui n'est qu'un barbarisme, mais de *sanguinante* devenu par dissimilation *sanguilante*. » L'auteur tranche ici un peu vite, comme il lui arrive quelquefois, et il est dans l'erreur. *Sanguinare* en gallo-roman du nord est devenu *saignier*, et *sanguinante* n'a pu donner que *saignant*; *sanglent* en ancien français a *-ent* et non *-ant* [2] et n'est donc pas un participe présent. *Sanguilentus* est peut-être un « barbarisme », mais, comme bien d'autres que les grammairiens auraient ainsi qualifié, il appartient au latin vulgaire et il y est attesté [3]. Voilà donc un exemple de dissimilation à rayer du livre de M. Grammont, qui en a rayé tant d'autres.

---

1. *Urlare* est en tout cas autre chose, la dissimilation remontant à la phase *urulare*.

2. Dans les poèmes qui distinguent *ent* de *ant*, il assone ou rime en *ent* et non en *ant*; si dans quelques poèmes normands il rime en *ant* (Suchier, *Reimpredigt*, p. 71), c'est qu'on l'a assimilé aux participes présents.

3. Voir les exemples du dictionnaire de Georges.

P. 68. A *ensorceler, écarteler* pour *ensorcerer, escarterer*, il faut ajouter en français ancien ou moderne *mortelier* (d'où *mortelerie*) pour *morterier, prangeler* pour *prangerer, prunelaie* pour *pruneraie, mercelot* pour *mercerot, mourmeler* pour *mourmerer, Mourmelon* (Marne) pour *Mourmeron, prioulei* pour *prioré*, le nom propre *Berthelot* pour *Bertherot* [1].

P. 72. L'auteur explique la non-dissimilation de *chalemel, chalumeau*, par la présence de *chalme*; mais il y a une grande différence entre une *l* intervocale et une *l* implosive. Jusqu'au xiie siècle le français a dit *châleme*, et c'est cette forme qui a pu « retenir » *chalemel*. Toutefois il ne paraît pas que même sans cela la dissimilation fut imposée. On n'en voit aucune trace dans *lamele*, qui cependant de très bonne heure était devenu *alemele, alumele* par la préfixation de l'article (*la lamele*), ce qui aurait dû favoriser la dissimilation (*ramela* se trouve en dauphinois). C'est un des cas où se pose la question du caractère obligatoire de la dissimilation, question que M. Grammont, je l'ai dit, n'a abordée qu'occasionnellement, qu'il paraît supposer résolue dans le sens affirmatif, mais qu'il aurait dû traiter d'ensemble, pour écarter de ce domaine ce qui semble y rester de caprice ou de hasard.

P. 75. Le provençal et le français comme l'italien ont dissimilé le nom allemand *Fredric* en *Fedric, Ferri* [2].

P. 79. Le fait que dans les formes issues de *lolum, lilum* [3] tirés par assimilation de *lolum, lilum*, c'est le premier groupe qui a été dissimilé est attribué par l'auteur à la loi xvii, d'après laquelle « de deux phonèmes intervocaliques, c'est le premier qui est dissimilé » ; mais ici le premier groupe étant à la fois

---

1. On trouvera plusieurs de ces exemples, et avec eux beaucoup d'autres, dans le volume que vient de publier M. A. Thomas et que je reçois pendant que je corrige les épreuves de cet article : *Essais de philologie française* (Paris 1897), p. 361 et suiv. M. Thomas est porté à contester plus d'une idée de M. Grammont et à ajouter de nouvelles « lois » à celles qu'il pose. Il se rencontre avec moi dans plusieurs remarques.

2. On trouve aussi *Fedri*. Peut-être le cat. *fadri*, anc. esp. *fadrin*, « jeune homme », correspond-il à *fratrīnum* (anc. fr. *frarin*), plutôt qu'à *infantīnum*.

3. C'est ainsi qu'il faut écrire, et non *ljoljum, ljiljum* ; on ne doit pas conondre le phonème *l* avec le le groupe *lj*.

initial et tonique, on s'attendrait à ce que la dissimilation atteignît le second. Si elle a atteint le premier, c'est sans doute parce qu'aucun mot dans les langues et à l'époque où elle s'est produite ne commençait par *l*[1]. Dès lors on peut révoquer en doute le caractère dialectal des formes en *l* et les conséquences que tire M. Grammont de la répartition différente des formes en *j* et des formes en *l*; on peut admettre que *lolum*, *lilum* ont été universellement répandus, et que *jolo*, *jilo* d'une part, *lolo*[2], *lilo* de l'autre en sont des dissimilations différentes.

P. 81. Aux formes italiennes *Ugolino*, *Azzolino* correspondent les formes françaises *Huelin*, *Acelin*, qui peuvent être pour *Huenin*, *Acenin* (de *Huon*, *Açon*; de même *Guacelin* de *Guaçon*, *Lancelin* de *Lançon*, *Doelin* de *Doon*); toutefois les nombreux diminutifs en *-lin* qui proviennent de noms en *-bert* (*Guibelin* attesté dès le xᵉ siècle, *Robelin*, *Lambelin*, *Tiebelin*, etc.), en *-ier* (*Gauquelin*) ou de noms terminés par une voyelle (*Jaquelin*, *Jocelin*) jettent quelque doute sur cette explication[3]. Il faut d'ailleurs joindre à ces noms d'hommes des noms de femmes, comme *Ermeline*, *Emeline*, de *Erme*, *Eme*, où l'on ne voit pas non plus de dissimilation[4].

P. 82. « Le v. fr. *gonfanon* est emprunté, comme le prouve son *a*. » « Emprunté » est ici équivoque : le mot français est bien d'origine allemande (*gundfanon*), mais *gonfanon* est la forme normale qu'il a eue dès son introduction et qu'il a gardée (l'*a* n'avait pas à se changer en *e* parce que la composition était sentie); *gonfenon*, *gonferon* (ou *conferon*) sont postérieurs et n'ont qu'un sens dérivé. Et si la dissimilation était obligatoire dans *gonfanon*, comment ne s'est-elle pas produite dans *fanon* ? encore la question du caractère général de la dissimilation.

---

1. On a cependant *gliglio* en anc. tosc.

2. Cette forme existe non seulement à Damprichard, mais à Montbéliard (Contejean) et à Besançon (Meyer-Lübke, I, § 573); elle appartient donc au français du sud-est. Ajoutez encore l'arag. *luelo*.

3. Le suffixe *-lin* paraît d'origine germanique.

4. Ce sont ces noms, et non celui tout moderne de *Caroline* (voir p. 117), qui ont pu influencer *Catharina* et en faire *Catalina* en génois et en espagnol, *Cateline* en français.

Aux pp. 88-95 se trouve une très intéressante « observation générale » : la dissimilation est renversée quand l'un des éléments d'un mot dérivé ou composé était resté clair ou était maintenu par l'analogie. Cet élément est souvent le suffixe de dérivation : ainsi l'auteur remarque que dans *colucula*, *umbiliculum*, *soliculum*, la dissimilation qui devrait atteindre l'*l* finale (en vertu de la loi XVI, je suppose), a été reportée à l'*l* de la syllabe accentuée[1]. Je remarquerai à ce propos que l'anc. fr. connaît la forme *coloigne*, qui semble offrir la dissimilation normale, mais qui n'est peut-être, comme *perelin*, qu'une métathèse récente[2]. — Le français de l'est et du nord-est a *floibe* et *floive* en regard du fr. *feible* pour *fleible* : ce serait la dissimilation normale d'après la loi II.

Comme je l'ai déjà dit, la deuxième partie du livre, intitulée *Mêmes effets, autres causes*, où l'auteur explique soit par l'étymologie populaire, soit par l'action de suffixes et de préfixes, soit par des lois phonétiques indépendantes, nombre de formes regardées jusqu'à lui comme dues à la dissimilation (mais qui contrediraient les lois précédemment posées), est particulièrement intéressante. Je présenterai sur quelques points des observations de détail, d'abord sur le premier chapitre.

P. 116. L'esp. *recluta* n'a rien à faire avec *recluir*, comme le suppose beaucoup trop ingénieusement M. Grammont. C'est le substantif verbal de *reclutar* = anc. fr. *recluter*, qui est devenu *recruter* par une évolution que j'ai examinée ailleurs[3].

P. 117. « V. fr. *contralier*... n'est pas le même mot que *contrarier* et ne présente pas de dissimilation. » M. Grammont renvoie pour ce mot à l'étude qu'il en a faite dans un autre travail, mais les arguments qu'il a donnés à l'appui de sa thèse n'ont pas de valeur[4]. L'existence de *contraile*, *contraille*, pour

---

1. Cf. *ageloignier* pour *agenoillier*.

2. Notons à ce propos que l'anc. fr. possède sinon la forme *soreil*, attestée dans des parlers franco-provençaux, au moins le verbe *soreillier*, *asoreillier* (voir Godefroy), à côté de *soleillier*, *assoleillier*.

3. Cette étymologie a été contestée (voir Körting), mais à tort : voir *Romania*, t. XV, p. 454.

4. *Mém. de la Soc. de ling.*, t. VIII, p. 340-341. La forme primitive serait *contrelier*, de *contra ligare* ; mais ce composé n'a aucune vraisemblance. Les

contraire [1] ne permet pas de douter de l'identité des deux verbes *contraliier* et *contrariier*, empruntés au latin, comme le montre l'accentuation.

P. 118. M. Grammont, tout en croyant que les formes romanes de *lusciniolum* qui remplacent l'*r* initiale par une *l* peuvent être dues à une dissimilation, préfère expliquer l'*r* par l'influence de *hirundinem*. Cette hypothèse me paraît peu vraisemblable ; mais il faut réellement admettre que l'*r* de *rossignol* et de ses pareils n'est pas due à la dissimilation, puisqu'on rencontre en bas latin la forme *roscinia*, où la dissimilation ne saurait être en cause [2].

P. 119. L'idée d'expliquer la forme populaire *linas* pour *lilas* par l'influence du nom de femme *Lina*, à cause des noms de femmes pris à des noms de fleurs, comme *Rose*, *Marguerite*, est bien peu probable, *Lina* étant un nom étranger et peu répandu, *lilas* étant masculin, et l'*a* des deux mots étant différent.

Signalons, p. 121, la très plausible explication des verbes italiens *chiedere*, *conquidere*, *intridere*, *fiedere* [3] par l'analogie et non par la dissimilation. En effet, la terminaison en *r* de l'infinitif ne provoque jamais de dissimilation, par la raison (que l'auteur indique à un autre endroit) qu'elle est trop isolée dans l'ensemble des formes verbales [4].

---

formes du fr. *contraleier*, *contraloier*, sont issues de *contralier* sous l'influence de *leier*, *loier*. La *Chanson de Roland* emploie indifféremment *contrarier* et *contralier*. Notez encore *contralios* à côté de *contrarios*, *contralieté* pour *contrarieté*.

1. Aux exemples de *contraille* donnés dans Godefroy on pourrait en ajouter d'autres.

2. Voir par exemple *Jahresbericht über die Fortschritte der rom. Philologie*, t. II, p. 70.

3. A côté de *fiedere* on a *fedire*, qui semblerait bien être une dissimilation de *ferire* ; mais c'est sans doute une altération de *ferire* sous l'influence de *fiedere*. Quant à *fiedere*, le point de départ en est probablement dans *feggia*, *feggono*, semblables à *chieggia*, *chieggono* de *chiedere*. *Chiedere* lui-même, d'après M. Grammont, aurait été assimilé à *vedere* à cause de son participe *chiesto*, analogue à *visto* ; mais *chiedere* et *vedére* n'ont pas la même accentuation : il faut plutôt penser à l'influence des parfaits en -*si* de *radere*, *prendere*, etc., pareils à *chiesi*.

4. Malgré cette remarque, M. Grammont voit dans l'anc. fr. *fenre* un exemple de dissimilation (p. 48, 49), sans s'expliquer sur la contradiction. A

Dans le second chapitre de cette partie, intitulé *Suffixes et préfixes*, l'auteur pose et appuie d'exemples probants la proposition suivante : « Il arrive souvent qu'un suffixe ou un préfixe fréquent. vienne prendre la place d'un suffixe ou d'un préfixe plus rare, ou même d'une finale ou d'une initiale incomprise. La modification introduite par là dans le mot est très souvent analogue à celle que produit la dissimilation. » Un de ces exemples est contestable. P. 128 : « *Sommelier* n'est pas sorti de *sommerier* par dissimilation, mais il a été tiré directement de la finale -*elier* de *tonnelier, bourrelier*, etc., comme en v. fr. on avait tiré du même mot *sommetier* au moyen de la finale -*etier* de *muletier, bonnetier*, etc. » Je l'admets pour *sommetier*, mais non pour *sommelier*. Il y a en effet d'autres mots en -*rier* qui ont été dissimilés en -*lier* et auxquels cette explication ne peut convenir. Tel est avant tout l'anc. fr. *boulier*, « souteneur de filles », qui répond certainement à un germe *burære* [1]. *Cellararium* parait avoir donné très anciennement *cellalarium* (anc. fr. *celelier*), dissimilé une seconde fois d'une part en *cellanarium* (d'où l'all. *kellner*, qui montre la haute antiquité de cette forme, et l'a. fr. *celenier*) et d'autre part en *cenalarium*, d'où l'a. fr. *cenelier*. La commune de *Passelières* dans l'Yonne s'appelait en latin *Passerarias*. Notez encore a. fr. *chaielier*=*chaierier* (*cathedrarium*) [2]. Il semble résulter de ces exemples que -*rier* a été maintenu, quand le primitif terminé par *r* était encore pleinement présent

---

mon avis il n'y a pas là de dissimilation proprement dite ; mais la question de la conjugaison de *prendere* en ancien français est très compliquée ; elle demanderait un examen spécial que je ne puis lui consacrer ici.

1. On tire généralement *boulier* d'un primitif *boule*, qui signifierait « lieu de débauche », mais ce mot est très mal attesté : il ne se trouve que dans un vers de fableau (Montaiglon et Raynaud, CXVII, 30) où sur deux mss. l'un a *foule*, et l'autre porte bien *boule*, mais donne au vers une syllabe en moins. D'ailleurs les formes fréquentes *borier, bourier, burier* ne s'expliqueraient pas si l'*l* était primitive.

2. Dans *mortelier* pour *morterier*, la dissimilation est sans doute due à l'*r* précédente (voir ci-dessus, p. 138). L'anc. fr. *chartrenier* est-il une dissimilation de *chartrerier* (qui lui-même est pour *charterier* de *chartrier*) ? J'en doute, et je croirais plutôt à l'existence d'un subst. *chartron*, qui existe comme nom propre, mais dont il ne nous est pas arrivé d'exemple : on trouve *chartronier* à côté de *chartrenier*.

à la conscience (*poirier, couturier*, etc.), mais s'est dissimilé quand on l'avait oublié.

Dans le chapitre suivant, *Lois phonétiques*, l'auteur a réuni « un certain nombre de faits que l'on cite généralement comme étant des dissimilations et qui en réalité reposent sur des lois phonétiques toutes différentes ou sur des étymologies fausses ». C'est encore un excellent morceau, et je ne trouve pas d'observation à y faire.

La troisième partie, consacrée à la réduplication, nous intéresse surtout par le chapitre intitulé : *La superposition syllabique*. L'auteur y montre avec beaucoup de pénétration que ce qu'on a appelé la dissimilation syllabique (chute de l'une de deux syllabes pareilles consécutives) n'existe pas. « La prétendue dissimilation syllabique *ne se produit que dans la composition et la dérivation*. Lorsque à un thème vient s'ajouter un mot ou un suffixe dont la syllabe initiale commence ou finit par la même consonne que la syllabe finale du thème, l'une des deux syllabes est éliminée, et celle qui subsiste présente le vocalisme de la seconde. » C'est ce que l'auteur appelle *la superposition syllabique* (ainsi κελαινεφής de κελαινο et νεφης est pour κελαινονεφής, qui n'a jamais existé). Les applications de cette loi sont peu nombreuses en roman : je citerai l'anc. fr. *artimaire*, de *arte mathematica*, qui présente le phénomène bien rare de la superposition bisyllabique (*ar[tema]thematica*) [1]. *Neté, chasté* (p. 160) n'offrent assurément pas de dissimilation syllabique, mais ne sont pas non plus des contractions de *neteté, chasteté* ; ce sont les formes plus récentes de *neteé, chasteé* (de même *conté, duché* < *conteé, ducheé*).

Le dernier chapitre concerne la dissimilation dans les mots à redoublement. Je ne suis pas convaincu que dans les mots où la syllabe initiale est tombée devant une syllabe identique ou commençant par la même consonne il n'y ait pas quelque chose comme une dissimilation syllabique (*paver* pour *papaver*, it. *vaccio*,

---

1. Voir à ce sujet quelques exemples nouveaux et d'intéressants rapprochements donnés par M. A. Risop dans la *Zeitschrift für rom. Philologie*, XXI, 547.

pour *vivaccio*, etc.), et la liste donnée en note de mots où la syllabe initiale tombe sans cette condition demanderait à être soigneusement examinée. Mais le principe qui domine le chapitre est juste, à savoir que les mots à redoublement sont soustraits aux lois phonétiques quand la valeur sémantique du redoublement est encore sentie, et l'on y trouve des remarques très intéressantes (notamment p. 169) sur ce qu'on pourrait appeler le redoublement factice : quand un mot présente deux syllabes consécutives qui commencent par deux consonnes différentes mais présentant un certain nombre de caractères communs, on croit souvent y sentir un redoublement et on le crée en identifiant les deux syllabes ; c'est ainsi que *lotum* est devenu *lolum*, *cerquedula* en latin *querquedula* et en roman *cercedula*, *verbena* en it. *berbena* et en fr. *verveine*.

Dans le cours de ce compte rendu, qui laisse de côté, il ne faut pas l'oublier, toute une partie du livre, et non assurément la moins importante, j'ai déjà ajouté quelques exemples de dissimilation à ceux qu'a réunis l'auteur. Je vais terminer en présentant une petite liste, qui est bien loin d'épuiser la matière, ne se composant que de mots qui me sont revenus à la mémoire ou que le hasard d'une lecture faite à ce moment même a mis sous mes yeux. Cette liste pourra servir en même temps de contrôle au travail de M. Grammont, en ce que j'essaierai d'indiquer pour chaque mot la loi à laquelle est soumise la dissimilation qu'il présente ; je ne suis pas bien sûr de tomber toujours juste, pour les raisons que j'ai dites plus haut, et quelques mots seront réfractaires, mais la plupart me semblent effectivement rentrer dans les cadres établis par l'auteur. Je donne d'abord les mots français, qui sont beaucoup plus nombreux, ensuite quelques mots appartenant à d'autres langues romanes [1].

Anc. fr. *auvoire* = *arbitrium*. M. Grammont ne cite pour la loi v que l'it. *albitrare*, esp. *albedrio*, et remarque que *albitro* doit son *l* à *albitrare* ; mais en français *arbitrare* n'est pas représenté, et dès lors *auvoirre* rentrerait plutôt dans la loi XVII. Il faut y

---

1. On trouvera de nombreuses additions, tirées surtout des dialectes du nord de l'Italie, dans un récent travail de M. C. Salvioni (*Quisquiglie etimologiche*, Nozze Rossi-Teiss, Bergame, 1897, p. 413-414) ; le savant linguiste italien se montre assez sceptique à l'endroit des lois de M. Grammont.

joindre le prov. *albirar* et *albir*; quant à l'anc. fr. *avir*, il n'est pas certain qu'il se rattache au même mot.

L'anc. fr. *babel*, « bijou sans valeur », semble être une dissimilation de *balbel*, et rentrer dans la loi XVII.

L'anc. fr. *bougerastre* à côté de *bourgerastre* s'explique de même.

Anc. fr. *Chaneleu* de *Chaneneu* = *Chananaeum* (voir *Romania*, t. VII, p. 441). On attendrait *Chaleneu* d'après la loi XVII, et je ne vois pas bien sous quelle loi tombe ce cas.

Anc. fr. *cincenele* pour *cincelele* (cf. *cincelete*), diminutif de *cincele* ; loi XVII.

Anc. fr. *cirugien* pour *cirurgien* ; loi XVI.

Anc. fr. *dimescre* (d'où *dimesque*, *demesque*) pour *dimercre* ; loi XI.

Anc. fr. *ermelin* pour *ermenin*, « d'ermine » ; loi XVII.

Fignoulédje dans différents parlers comtois pour l'ancien français *fillolage* ; peut être attribué à la loi XVII.

Fr. *flambe*, *flamber*, qui ne sauraient venir de *flamma*, *flammare*, mais remontent à *flamble*, *flambler*, de *flammula*, *flammulare* ; loi II .

Anc. fr. *garingal* pour *galingal*, de *galanga*, mot indien ou malais, avec addition irrationnelle d'une *l* ; loi XVII.

Wallon *houlène*, « chenille », anc. fr. *bonine*; loi XVII.

Le mot anc. fr. *limpole* existe aussi sous la forme *nimpole* et *nipole*, que l'on peut regarder comme en étant une dissimilation ; toutefois on ignore l'étymologie et le sens précis de ce mot, qui désigne une sorte de jeu, et il se pourrait qu'on eût au contraire affaire à une assimilation de *nimpole* en *limpole*.

Anc. fr. *maneglier* de *mareglier* = *matricularium* ; voir plus loin.

Fr. *marjolaine* de *majorana* avec insertion irrationnelle d'*r* (peut-être sous l'influence de *margerie*) ; loi XVI. L'anglais *marjoram* a conservé la forme plus ancienne.

Anc. fr. *merancolie*, rentre si l'on veut dans la loi XVII, mais me paraît plutôt déterminé par l'accent.

Anc. fr. *nomble* pour *lomble* (lat. *lumbulum*) ; j'ai peine à admettre que nous ayons ici une application de la loi XVII [1].

---

1. M. Thomas, qui cite aussi ce cas, y voit un exemple de la loi qu'il

Anc. fr. *oriflant*, de *oliflant* pour *olifant* (l'insertion de l'*l* n'est pas expliquée) ; loi IV.

Fr. prov. *pluvier* paraît être pour *pluviel* (esp. *pluvial*) = *pluvialem* (de même it. *piviere*) ; la forme de la dissimilation est due à la conservation du sens de *pluv-* et à l'influence du suffixe *ier* ; on en a une autre dans *pluvian* (voir Littré).

Anc. franc. *pofire* pour *porfire* ; loi XVI. On trouve aussi *porfie* et *pofie* (*Prise de Cordres*, v. 659, 765) ; cette dernière forme semble indiquer qu'il ne s'agit que d'un changement de suffixe.

Preize, nom d'une commune de l'Aube, pour *Preïre* = lat. *Precaria*. On pourrait y voir un simple cas du changement sporadique de *r* intervocale en *z*, mais ce changement ne paraît pas connu à l'est : il y a plutôt dissimilation ; toutefois je ne trouve pas de cas analogues.

Fr. *quincaille* pour *clinquaille* ; ce serait une application de la loi XVII ; mais il y a quelque doute.

Fr. *rouette* de *retorta*, à côté de *reorte*, *riorte* (voir Körting); je ne vois pas sous quelle loi tombe ce mot.

Fr. pop. *sanger* pour *changer*. M. Grammont ferait rentrer ce cas dans la loi VIII (« explosive appuyée ou non dissimile explosive intervocale »), considérant le *ch* de *changer* comme « après voyelle » ; mais j'ai peine à le suivre dans sa théorie sur les initiales ; je crois plutôt que si l'on n'a pas dit *chanzer*, c'est qu'il n'y a pas de verbes ainsi terminés (par suite on n'a pas dit non plus *chanze*, etc.).

Anc. fr. *traïte* pour *traïtre*. Ce cas, qui est remarquable parce qu'il présente la chute du phonème dissimilé (il ne pouvait se transformer en un phonème voisin) et qu'il éloigne ce nominatif de tous les autres nominatifs analogues, terminés en -*re*, ne rentre positivement dans aucune des lois, à moins qu'on ne lui applique la loi IX (« combinée appuyée dissimile combinée non appuyée ») en regardant la dissimilation comme accomplie « après consonne », ce que j'accepterais d'ailleurs volontiers. Dans *traïtel* pour *traïtrel* on trouverait naturellement une application de la loi II.

---

propose d'introduire, et d'après laquelle « combinée dissimile intervocalique ».

Anc. fr. *traste* pour *trastre*, de *transtrum* (voir Godefroy) ; loi II. On trouve aussi *tastre*, *tatre* (où Godefroy n'a pas reconnu le même mot), qui paraît dû à l'influence conservatrice du suffixe.

Esp. port. *brial*, du v. fr. et prov. *blialt* ; loi VIII.

Anc. lomb. *cutel*[1] à rapprocher d'autres dissimilations de *cultellum*, comme le *cuntellum* de l'*App. Probi* et le *cortello* italien.

Lat. vulg. *calandrus* (ou plus souvent *calandra*) de *charadrius*, d'où le fr. *calandre* et autres formes romanes (voir Körting, n° 1487) ; loi VIII, si on suppose que *charadrius* était d'abord devenu *charandrius* (ou déjà en grec χαράνδριος).

· It. *lanfa* de *nanfa*, forme nasalisée de *nafa*, mot arabe ; loi XVII.

It. *malinconia*, esp. *malenconia*, de *melancholia* : c'est ici l'inverse du v. fr. *merancolie* ; faut-il admettre une influence analogique pour ces formes ? Elles ne rentrent dans aucune des lois de M. Grammont, non plus que l'adj. port. *melancorio* (où peut-être il y a une influence de *còr*).

It. *mandragola* pour *mandragora*, sans doute simple substitution du suffixe si usité *-ola* atone. Le roum. *mătrăgună* est plus vraisemblablement dissimilé et rentre dans la loi VIII.

Prov. *manescalc*, it. *maniscalco*. Dans ce mot comme dans le fr. *maneglier* il faut noter la dissimilation d'*r* par *l*, ce dont il n'y a pas d'autres exemples, non plus que de la dissimilation d'*r* en *n*[2]. On trouve en italien *maliscalco*, et l'on pourrait croire que *maniscalco* est sorti de cette forme assimilée ; mais on ne trouve ni *malescalc* en provençal, ni *maleglier* en français. Peut-être ces deux mots, dont l'un est étranger et l'autre emprunté au latin, ont-ils subi l'influence de *manus* par une vague étymologie populaire.

Enfin je citerai encore les formes usitées en bas-latin et, par suite, dans la littérature vulgaire du moyen âge, de deux noms

---

1. Voir Salvioni, *L'elemento volgare negli statuti latini di Brissago*, etc., (Bellinzona, 1897), p. 22.

2. Au moins en français, car on vient de voir le roumain *mătrăgună* < *mandragora*. En français même, une *r* peut se dissimiler en *n* au lieu d'*l* quand il y a déjà une *l* dans le mot, comme c'est le cas dans *celenier*, cité plus haut (p. 142), *promenole* < *promerole*, *Gantenalière* < *Gautenaliere* < *Gualtenaliere*, cités dans le livre de M. Thomas.

propres, *Dalida* pour *Dalila* et *Philomena* pour *Philoméla*. Ces
formes remontent très haut. *Dalila* avait sans doute l'accent sur
l'*i* quand il s'est dissimilé, et offre un exemple d'une loi qui me
paraît probable et d'après laquelle une intervocale tonique (j'entends commençant la syllabe tonique) dissimilerait une intervocale atone. Quant à *Philomena*, il est plus difficile à expliquer,
puisque ce serait plutôt la seconde *l* que la première qui pourrait être considérée comme tonique. Il y a peut-être eu confusion avec le nom de femme *Philomena* (pour *Philumena* =
Φιλουμένη), très connu à cause de la vierge et martyre de ce
nom [1].

« Notre mémoire, dit M. Grammont, n'a pas la prétention
d'exclure les monographies sur la dissimilation dans telle langue
ou tel dialecte ; au contraire nous espérons qu'il les suscitera...
Il y aura lieu de déterminer pour chaque langue quelles sont
les lois de la dissimilation qui y sont représentées ; quels sont
les couples de phonèmes qui représentent telle loi ; quels sont
les différents produits de chaque couple de phonèmes. On
devra distinguer une loi phonétique pour chaque produit différent d'un même couple dans la même loi, et chercher à déterminer, toutes les fois que ce sera possible, à quelle époque cette
loi phonétique est entrée en vigueur et à quelle époque elle a
cessé d'agir. » Voilà un programme très intéressant tracé aux
explorateurs des diverses langues ; nous souhaitons qu'il soit
rempli pour le plus grand nombre possible d'entre elles. Si les
monographies en question ne confirment pas toutes les vues de

---

1. J'ajoute sur l'épreuve de ce tirage à part quelques exemples de dissimilation que j'ai rencontrés depuis l'impression de l'article. *Neuvireuil* dans le
Pas-de-Calais est appelé dans des documents anciens *Nova Villela*. *Mauguio*,
dans l'Hérault, remonte à une forme latine *Mercorium*, dissimilée dès le
xe siècle en *Melgorium*, puis devenue *Melgueil*, d'où *Mauguio*, par changement de suffixe. Dans le ladin des Grisons, on dit *passler*, « moineau », de
passerarius (cf. *Passelières*, ci-dessus, p. 142), *spler* à côté de *sprer*, correspondant à l'all. *sperber*, fr. *espervier*. Dans le même pays, on trouve les lieux-dits
Glavaira < *gravaria*, *Orméira* < *ulmaria*, *Nurmera* < *in ulmaria* (Cf. Du Cange,
s.-v. *ormaria*). J'emprunte ces exemples au livre de M. A. Kübler, *Die suffixhaltigen romanischen Flurnamen Graubundens*, I (Erlangen, 1894), p. 121,
122, 127, 129.

M. Grammont, on peut être sûr qu'elles justifieront son principe général, et il aura toujours le mérite de les avoir provoquées et d'en avoir tracé le plan.

[*Journal des Savants*, 1898, février (p. 81-97).]

POST-SCRIPTUM. M. Grammont ayant lu l'article ci-dessus, a bien voulu m'adresser quelques observations, dont les unes portent sur des points de théorie et appelleraient une discussion que je ne puis leur consacrer ici, et dont les autres s'appliquent aux exemples que j'ai ajoutés aux siens et que j'ai essayé de faire rentrer dans ses lois. Je n'ai pas toujours eu la main heureuse dans ma répartition, et M. Grammont assigne plusieurs de ces mots à d'autres lois que celles auxquelles je les avais crus soumis. Il me paraît utile d'indiquer ici les attributions qu'il préfère : *auvoirre*, loi I ; *babel*, loi I ; *bougerastre*, loi XIII ; *cirugien* « n'appartient pas à la loi XVI et contredit la loi XIV ; il n'est pas expliqué » ; *dimescre*, loi XII ; *garingal*, loi XIV ; *maneglier*, loi XIV ; *marjolaine*, loi XVI ; *nomble*, loi XIII ; *quincaille*, loi XVI ; *pofire* « ne rentre pas sous la loi XVI et paraît demander une explication particulière à cause de *pofie* » ; *sanger*, loi XVII ; *lanfa*, loi XIV. Assurément M. Grammont, qui est l'auteur même des lois, a beaucoup plus qualité que moi pour en faire la juste application ; mais le nombre d'erreurs où je suis tombé malgré toute mon attention prouve qu'il n'est pas facile de se reconnaître dans cette législation. Je crois que bien des philologues encourraient, en cette matière, de sévères condamnations si on leur appliquait à la rigueur le principe : *nemo censetur ignorare legem.*

[Note additionnelle au tirage à part de l'article précédent.]

II

LANGUE FRANÇAISE

des Chaitiers, *La Grosse Enttaraye, Une Fiance récréative*. — L. Constans, Notes
pour servir au classement des manuscrits du *Roman de Troie*. J. Cornu. Étude sur
le poème du Cid. — I. Couraye du Parc, Chants populaires de la Basse-Normandie,
— J. Flach, Le compagnonnage dans les chansons de gestes. — J. Gilliéron,
Remarques sur la vitalité phonétique des patois. — D. Grand, Proclamation d'un
héraut en dialecte montpelliérain (1336). — L. Havet, L'S latin caduc. — G. Huet,
Remarques sur les rédactions diverses d'une chanson du xiiie siècle. — A. Jeanroy,
Une pièce artésienne du xiiie siècle. — C. Joret, La légende de la rose au moyen
âge chez les nations romanes et germaniques. — E. Langlois, Quelques disser-
tations inédites de Claude Fauchet. — G. Monnot, Les *Annales laurissenses minore*
et le monastère de Lorsch. — Morel-Fatio, Duclos y quebrantos. — E. Muret,
Sur quelques formes analogiques du verbe français. — H. Omont, Les manuscrits français des rois d'Angleterre au château de Richemont. — A. Pagès, La
version catalane de *l'Enfant sage*. — A. Piaget, Chronologie des *Epistres sur les*
roman de la Rose. — I. Psichari, Le roman de *Florimont*, contribution à l'histoire
littéraire, études des mots grecs dans ce roman. — G. Reynaud, La Mesnil Hellequin ;
le poème perdu du *Comte Hannequin, quelques mots sur Arlequin*. — P. Rousselet,
L'S devant T, P, C, dans les Alpes. — A. Salmon, Remèdes populaires du moyen
âge. — M. Sépet, Observations sur le « Jeu de la feuillée » d'Adam de la Halle
— A. Tavernay, Phonétique roumaine, le traitement de FJ et du suffixe ULUM,
ULAM, en roumain. — A. Thomas, Vivien d'Aliscan et la légende de Saint-Vidian,
M. Wilmotte; Gloses wallones du ms. 2640 de Darmstadt.

Mémoires de la Société de Linguistique de Paris, tome XIII, complet
en 6 fasc. . . . . 36 »

Le Moyen Age. Revue d'histoire et de philologie paraissant tous les 2 mois
Direction : MM. A. MARIGNAN, M. PROU et M. WILMOTTE.
Prix d'abonnement : Paris, 15 fr. — Départements et Union postale, 17 fr.
A commencé à paraître en 1888.

Revue des Bibliothèques, Recueil mensuel dirigé par MM. E. CHATELAIN et
L. DOREZ. Prix d'abonnement : Paris, 15 fr. — Départements et Union
postale, 17 fr. A commencé à paraître en 1891.

Revue celtique, publiée avec le concours des principaux savants des Iles
Britanniques et du continent, fondée en 1870, dirigée par M. d'ARBOIS DE
JUBAINVILLE, avec la collaboration de MM. J. LOTH, E. ERNAULT et
G. DOTTIN.
Prix d'abonnement : Paris, 20 fr. — Départements et Union postale, 22 »

Revue de philologie française et provençale, recueil trimestriel consacré
à l'étude de langues, dialectes et patois de la France, dirigée par L. CLÉDAT,
professeur à la Faculté des lettres de Lyon. Prix d'abonnement : France,
15 fr. — Union postale, 16 fr.
A commencé à paraître en 1887. Les deux premières années ont paru sous
le titre de *Revue des patois*.

Romania, recueil trimestriel consacré à l'étude des langues et des littéra-
tures romanes, fondé par MM. P. MEYER et G. PARIS, dirigé par MM. PAUL
MEYER et ANTOINE THOMAS, membres de l'Institut. Prix d'abonnement :
Paris, 20 fr. — Départements et Union postale . . . . 22 »
Les abonnements partent de janvier de chaque année ; aucun fascicule
n'est vendu séparément. L'année, une fois terminée, se vend, prise à
Paris. . . . . 25 »
A commencé à paraître en 1872. Il reste quelques exemplaires complets
pour lesquels on traitera de gré à gré.
— Table analytique des dix premiers volumes (1872-1881), par F. GILLIÉRON.
1885. Gr. in-8, br. . . . . 8 »
En souscription. — *Table analytique des 30 premiers volumes*, par le Dr Bos-

Revue des Études Rabelaisiennes, trimestrielle, fondée en 1903 et dirigée
par M. LEFRANC, professeur au Collège de France. Abonnement annuel,
10 »

MACON, PROTAT FRÈRES, IMPRIMEURS

D'ARBOIS DE JUBAINVILLE, de l'*Institut*. Étude sur la langu
l'époque mérovingienne. In-8º....................

BÉDIER (J.), *prof. au Collège de France*. **Les Fabliaux**, études de littérature
populaire et d'histoire littéraire du moyen âge, 2ᵉ édition revue et corrigée
gr. in-8º... 12 50

— **Hommage à Gaston Paris**, leçon d'ouverture du cours de langue et littérature françaises du moyen âge prononcée au Collège de France, le 3 février
1904, in-16............................... 1 50

Bibliothèque française du Moyen-Age, publiée sous la direction de
MM. G. PARIS et P. MEYER, membres de l'Institut. Format gr. in-16, impression sur papier vergé en caractères elzéviriens. Tous les volumes sont accompagnés d'introductions développées et de copieux glossaires.

— Vol. I et II : *Recueil de Motets français des XIIᵉ et XIIIᵉ siècles*, publiés d'après
les manuscrits, avec introduction et notes, par G. RAYNAUD, suivis d'une
étude sur la musique au siècle de saint Louis, par H. LAVOIX fils, 2 vol.
18 »

— Vol. III : *Le Psautier de Metz*. Texte du XIVᵉ siècle. Édition critique publiée
d'après quatre manuscrits par F. BONNARDOT. Tome 1ᵉʳ. Texte intégral.
9 »

— Vol. IV et V : Alexandre le Grand, par P. MEYER, membre de l'Institut.
Tome 1ᵉʳ : 1º le fragment d'Albéric de Besançon ; 2º la version en vers de
dix syllabes d'après les mss. de Paris et de Venise; 3º les Enfances
d'Alexandre d'après le ms. 789 de la Bibliothèque Nationale : 4º Extraits
de l'Alexandre de Thomas de Kent. — Tome II : Histoire de la légende
d'Alexandre en Occident. Les deux vol.................. 18 »

— Vol. VI et VII: *Œuvres de Gautier d'Arras*, publiées par E. LŒSETH.
Tome 1ᵉʳ, Éracle. — Tome II : Ille et Galeron. Les deux volumes.. 18 »

— Vol. VIII : *Le roman de Flamenca*, publié d'après le manuscrit unique de
Carcassonne, traduit et accompagné d'un vocabulaire, tome 1. Nouvelle
édition revue et corrigée, par P. MEYER, de l'Institut............ 9 »

Bibliothèque littéraire de la Renaissance, dirigée par MM. P. DE NOLHAC
et L. DOREZ. Petit in-8, br.

— Tome 1ᵉʳ. *La Chronologie du canzoniere de Pétrarque*, par H. COCHIN, 1898.
4 »

— Tomes II-III. *R. Guaguini epistole et orationes*, texte publié sur les éditions
originales de 1498, par L. THUASNE, 1904.................. 25 »

— Tome IV. *Le frère de Pétrarque et le livre du repos des religieux*, par H.
COCHIN. 1904................ 6 »

— Tome V. *Études sur Rabelais (sources monastiques du roman de Rabelais. —
Rabelais et Erasme. — Rabelais et Folengo. — Rabelais et Colonna. —
Mélanges*, par L. THUASNE. 1904.................. 10 »

Sous presse : *Montaigne, Amyot et Saliat*, étude sur les sources des
Essais, par ZANGRONIZ.

Francisci Petrarcæ de sui ipsius et multorum ignorantia, publ. d'après le
ms. autographe par CAPELLI.

DARMESTETER. A. — **De la création actuelle de mots nouveaux dans
la langue française** et des lois qui la régissent. In-8º, br........ 10 »

— **Traité de la formation des mots composés dans la langue française**,
comparée aux autres langues romanes et au latin, 2ᵉ édit. revue, corrigée et
en partie refondue avec une préface de G. PARIS. In-8º.......... 12 »

DAUZAT. Morphologie du patois de Vinzelles. In-8º........... 10 »

DELISLE (Léopold) *de l'Institut*. — **Études sur les conditions de la classe
agricole** et l'état de l'agriculture en Normandie au moyen âge. Fort
vol. in-8º.. 20 »

des Chaiviers, La Grosse Entcaraye, Une Fiance récréative. — L. Constans, Notes
pour servir au classement des manuscrits du *Roman de Troie*. J. Cornu, Étude sur
le poème du Cid. — I. Couraye du Parc, Chants populaires de la Basse-Normandie,
— J. Flach, Le compagnonnage dans les chansons de gestes. — J. Gilliéron,
Remarques sur la vitalité phonétique des patois. — D. Grand, Proclamation d'un
héraut en dialecte montpelliérain (1336). — L. Havet, L'S latin caduc. — G. Huet,
Remarques sur les rédactions diverses d'une chanson du XIII° siècle. — A. Jeanroy,
Une pièce arlésienne du XIII° siècle. — C. Joret, La légende de la rose au moyen
âge chez les nations romanes et germaniques. — E. Langlois, Quelques disser-
tations inédites de Claude Fauchet. — G. Monnot, Les *Annales laurissenses minores*
et le monastère de Lorsch. — Morel-Fatio, Duelos y quebrantos. — E. Muret,
Sur quelques formes analogiques du verbe français. — H. Omont, Les manuscrits français des rois d'Angleterre au château de Richemont. — A. Pagès, La
version catalane de l'*Enfant sage*. — A. Piaget, Chronologie des *Epîtres sur le*
roman de la Rose. — I. Psichari, Le roman de *Florimont*, contribution à l'histoire
littéraire, études des mots grecs dans ce roman. — G. Raynaud, La *Mesnil Hellequin*;
le poème perdu du *Comte Hannequin, quelques mots sur Arlequin*. — P. Rousselot,
L'S devant T, P, C, dans les Alpes. — A. Salmon, Remèdes populaires du moyen
âge. — M. Sépet, Observations sur le « Jeu de la feuillée » d'Adam de la Halle
— A. Tavernay, Phonétique roumaine, le traitement de FJ et du suffixe ULUM,
ULAM, en roumain. — A. Thomas, Vivien d'Aliscan et la légende de Saint-Vidian,
M. Wilmotte, Gloses wallones du ms. 2630 de Darmstadt.

Mémoires de la Société de Linguistique de Paris, tome XIII, complet
en 6 fasc. . . . . 36 »

Le Moyen Age. Revue d'histoire et de philologie paraissant tous les 2 mois
Direction : MM. A. MARIGNAN, M. PROU et M. WILMOTTE.
    Prix d'abonnement : Paris, 15 fr. — Départements et Union postale, 17 fr.
    A commencé à paraître en 1888.

Revue des Bibliothèques, Recueil mensuel dirigé par MM. E. CHATELAIN et
    L. DOREZ. Prix d'abonnement : Paris, 15 fr. — Départements et Union
    postale, 17 fr. A commencé à paraître en 1891.

Revue celtique, publiée avec le concours des principaux savants des Iles
Britanniques et du continent, fondée en 1870, dirigée par M. d'ARBOIS DE
JUBAINVILLE, avec la collaboration de MM. J. LOTH, E. ERNAULT et
G. DOTTIN.
    Prix d'abonnement : Paris, 20 fr. — Départements et Union postale, 22 »

Revue de philologie française et provençale, recueil trimestriel consacré
    à l'étude de langues, dialectes et patois de la France, dirigée par L. CLÉDAT,
    professeur à la Faculté des lettres de Lyon. Prix d'abonnement : France,
    15 fr. — Union postale, 16 fr.
    A commencé à paraître en 1887. Les deux premières années ont paru sous
    le titre de *Revue des patois*.

Romania, recueil trimestriel consacré à l'étude des langues et des littéra-
tures romanes, fondé par MM. P. MEYER et G. PARIS, dirigé par MM. PAUL
MEYER et ANTOINE THOMAS, membres de l'Institut. Prix d'abonnement :
Paris, 20 fr. — Départements et Union postale . . . . 22 »
    Les abonnements partent de janvier de chaque année ; aucun fascicule
    n'est vendu séparément. L'année, une fois terminée, se vend, prise à
    Paris. . . . . 25 »
    A commencé à paraître en 1872. Il reste quelques exemplaires complets
    pour lesquels on traitera de gré à gré.
— Table analytique des dix premiers volumes (1872-1881), par F. GILLIÉRON.
    1885. Gr. in-8, br. . . . . 8 »
En souscription. — *Table analytique des 30 premiers volumes*, par le Dr Bos-

Revue des Études Rabelaisiennes, trimestrielle, fondée en 1903 et dirigée
    par M. LEFRANC, professeur au Collège de France. Abonnement annuel,
                                                                          10 »

D'ARBOIS DE JUBAINVILLE, de *l'Institut*. Étude sur la langu
l'époque mérovingienne. In-8º............

BÉDIER (J.), *prof. au Collège de France*. **Les Fabliaux**, études de littérature
populaire et d'histoire littéraire du moyen âge, 2e édition revue et corrigée
gr. in-8º.. 12 50

— **Hommage à Gaston Paris**, leçon d'ouverture du cours de langue et littérature françaises du moyen âge prononcée au Collège de France, le 3 février
1904, in-16.............................. 1 50

Bibliothèque française du Moyen-Âge, publiée sous la direction de
MM. G. PARIS et P. MEYER, membres de l'Institut. Format gr. in-16, impression sur papier vergé en caractères elzéviriens. Tous les volumes sont accompagnés d'introductions développées et de copieux glossaires.

— Vol. I et II : *Recueil de Motets français des XIIe et XIIIe siècles*, publiés d'après
les manuscrits, avec introduction et notes, par G. RAYNAUD, suivis d'une
étude sur la musique au siècle de saint Louis, par H. LAVOIX fils, 2 vol.
18 »

— Vol. III : *Le Psautier de Metz*. Texte du XIVe siècle. Édition critique publiée
d'après quatre manuscrits par F. BONNARDOT. Tome 1er. Texte intégral.
9 »

— Vol. IV et V : Alexandre le Grand, par P. MEYER, membre de l'Institut.
Tome 1er : 1º le fragment d'Albéric de Besançon ; 2º la version en vers de
dix syllabes d'après les mss. de Paris et de Venise; 3º les Enfances
d'Alexandre d'après le ms. 789 de la Bibliothèque Nationale : 4º Extraits
de l'Alexandre de Thomas de Kent. — Tome II : Histoire de la légende
d'Alexandre en Occident. Les deux vol........................ 18 »

— Vol. VI et VII : *Œuvres de Gautier d'Arras*, publiées par E. LŒSETH.
Tome 1er, Éracle. — Tome II : Ille et Galeron. Les deux volumes.. 18 »

— Vol. VIII : *Le roman de Flamenca*, publié d'après le manuscrit unique de
Carcassonne, traduit et accompagné d'un vocabulaire, tome 1. Nouvelle
édition revue et corrigée, par P. MEYER, de l'Institut............ 9 »

Bibliothèque littéraire de la Renaissance, dirigée par MM. P. DE NOLHAC
et L. DOREZ. Petit in-8, br.

— Tome 1er. *La Chronologie du canzoniere de Pétrarque*, par H. COCHIN, 1898.
4 »

— Tomes II-III. *R. Guaguini epistole et orationes*, texte publié sur les éditions
originales de 1498, par L. THUASNE, 1904................. 25 »

— Tome IV. *Le frère de Pétrarque et le livre du repos des religieux*, par H.
COCHIN. 1904.......................... 6 »

— Tome V. *Études sur Rabelais (sources monastiques du roman de Rabelais. —
Rabelais et Erasme. — Rabelais et Folengo. — Rabelais et Colonna. —
Mélanges*, par L. THUASNE. 1904.................... 10 »

Sous presse : *Montaigne, Amyot et Saliat*, étude sur les sources des
Essais, par ZANGRONIZ.

Francisci Petrarcæ de sui ipsius et multorum ignorantia, publ. d'après le
ms. autographe par CAPELLI.

DARMESTETER. A. — **De la création actuelle de mots nouveaux dans
la langue française** et des lois qui la régissent. In-8º, br........ 10 »

— **Traité de la formation des mots composés dans la langue française**,
comparée aux autres langues romanes et au latin, 2e édit. revue, corrigée et
en partie refondue avec une préface de G. PARIS. In-8º.......... 12 »

DAUZAT. Morphologie du patois de Vinzelles. In-8º............ 10 »

DELISLE (Léopold) *de l'Institut*. — **Études sur les conditions de la classe
agricole** et l'état de l'agriculture en Normandie au moyen âge. Fort
vol. in-8º.................................. 20 »

DONCIEUX (George). — Le romancero populaire de la France. Choix de chansons populaires françaises. Textes critiques. Avec un avant-propos et un index musical par JULIEN TIERSOT. In-8º musique notée............ 15 »

GILLIÉRON (J.), *directeur-adjoint à l'École des Hautes-Études.* — Patois de la commune de Vionnaz (Bas-Valais), accompagné d'une carte. Gr. in-8º. 7.50

— Petit Atlas phonétique du Valais roman (Sud du Rhône). In-8º oblong 10 »

— Étude de géographie linguistique. « Scier » dans la Gaule romane du Sud et de l'Est. In-4º et *cartes en couleurs*............ 5 »

GODEFROY (F.). — Dictionnaire de l'ancienne langue française et de tous ses dialectes du IXe au XVe siècle, composé d'après le dépouillement de tous les plus importants documents manuscrits ou imprimés qui se trouvent dans les grandes bibliothèques de la France et de l'Europe, et dans les principales archives départementales, municipales, hospitalières ou privées, 10 vol. in-4, imprimés en petit texte sur trois colonnes 505 »

GUERLIN de GUER. — Le patois normand. Introduction à l'étude des parlers de Normandie, avec une lettre-préface de M. Gilliéron. In-8º........ 2 50

— Essai de dialectologie normande. La palatalisation des groupes initiaux gl, kl, fl, pl, bl, étudiés dans les parlers de 300 communes du Calvados. Gr. in-8º avec tableaux et 8 cartes .... 10 »

— Le parler populaire dans la commune de Thaon (Calvados). Phonétique, morphologie, syntaxe, folklore, suivi du lexique de tous les mots étudiés. Gr. in-8º............ 16 »

JEANROY (A.). — Les origines de la poésie lyrique en France au moyen âge. 2me édition avec addenda. In-8º............ 10 »

JORET, de *l'Institut.* — Du C dans les langues romanes. Gr. in-8º.. 12 »

— Des caractères et de l'extension du patois normand. Étude de phonétique et d'ethnographie, suivie d'une carte. In-8º............ 6 »

LANGLOIS (E.). — Table des noms propres de toute nature compris dans les chansons de gestes imprimées. Fort vol. gr. in-8º............ 25 »

LEFRANC (Abel). *prof. au Collège de France,* et J. BOULENGER. — Comptes de Louise de Savoie (1515-1522) et de Marguerite d'Angoulême (1512, 1517, 1539). In-8º............ 5 »

LONGNON (Aug.), de *l'Institut.* — De la formation de l'Unité française. Leçon d'ouverture du cours professé au Collège de France. 2e édit. In-8º. 1 »

MEYER (Paul), de *l'Institut.* — Fragment d'une traduction française de Barlaam et Josaphat, faite sur le texte grec au commencement du XIIIe siècle. Gr. in-8, avec 1 planche............ 5 »

— Recueil d'anciens textes bas-latins, provençaux et français, accompagnés de deux glossaires. Première partie bas-latin, provençal. Gr. in-8º br. 6 »

2e partie : vieux français. Gr. in-8º br............ 6 »

— Girart de Roussillon. — Chanson de geste traduite pour la première fois, in-8º............ 8 »

MOREL-FATIO (A.), *directeur-adjoint à l'École des Hautes-Études.* — Études sur l'Espagne. Première série, in-8º............ 5 »

Deuxième série (en réimpression)

Troisième série............ 6 »

PARIS (Gaston). De Pseudo-Turpino. In-8º............ 2 »

— Dissertation critique sur le poème latin du Ligurinus, attribué à Gunther. In-8º............ 2 »

— La vie de saint Alexis. Poème du XIe siècle. Texte critique. In-12 1 50

— Les chants populaires du Piémont. In-4............ 2 »

— Le Juif errant en Italie. In-4............ 1 25

— La légende de Saladin. In-4............ 5

www.ingramcontent.com/pod-product-compliance
Ingram Content Group UK Ltd.
Pitfield, Milton Keynes, MK11 3LW, UK
UKHW021529090726
13657UKWH00001B/481